The thought of Chang Tsai

张载的思想

1020—1077

[美] 葛艾儒 著
罗立刚 译

重庆出版集团
重庆出版社

This is a Simplified Chinese edition of the following title published by Cambridge University Press:

The Thought of Chang Tsai (1020–1077) by Ira E. Kasoff 9780521529471
© Cambridge University Press 1984
This Simplified Chinese edition for the People's Republic of China (excluding Hong Kong, Macau and Taiwan) is published by arrangement with the Press Syndicate of the University of Cambridge, Cambridge, United Kingdom.
© Chongqing Publishing & Media Co., Ltd. 2022
This Simplified Chinese edition is authorized for sale in the People's Republic of China (excluding Hong Kong, Macau and Taiwan) only. Unauthorised export of this Simplified Chinese edition is a violation of the Copyright Act. No part of this publication may be reproduced or distributed by any means, or stored in a database or retrieval system, without the prior written permission of Cambridge University Press and Chongqing Publishing & Media Co., Ltd..
Copies of this book sold without a Cambridge University Press sticker on the cover are unauthorized and illegal.

本书封面贴有Cambridge University Press防伪标签，无标签者不得销售。

版贸核渝字（2022）第147号

图书在版编目（CIP）数据

张载的思想 /(美) 葛艾儒著；罗立刚译. —重庆：重庆出版社, 2022.11
书名原文：The thought of Chang Tsai（1020–1077）
ISBN 978-7-229-17215-2

Ⅰ.①张… Ⅱ.①葛… ②罗… Ⅲ.①张载（1020-1077）－哲学思想－研究 Ⅳ.①B244.45

中国版本图书馆CIP数据核字（2022）第233718号

张载的思想
ZHANGZAI DE SIXIANG

[美]葛艾儒 著　罗立刚 译

出　品：华章同人

出版监制：徐宪江　秦　琥
责任编辑：陈　丽
特约编辑：史青苗
责任印制：杨　宁　白　珂
营销编辑：刘晓艳
书籍设计：潘振宇

重庆出版集团
重庆出版社　出版

（重庆市南岸区南滨路162号1幢）
北京毅峰迅捷印刷有限公司　印刷
重庆出版集团图书发行有限公司　发行
邮购电话：010-85869375
全国新华书店经销

开本：889mm×1194mm　1/32　印张：8.75　字数：250千
2023年1月第1版　2023年1月第1次印刷
定价：65.00元

如有印装质量问题，请致电023-61520678
版权所有，侵权必究

献给

我的母亲

目录 / Contents

前言 /010   **Preface** /010
绪论 /018   **Introduction** /018

第一章　11世纪的学术环境
Chapter 1　The intellectual climate of the eleventh century

绪论 /029   Introduction /029
假定的前提 /036   The assumptions /036
   担当意识 /036   Sense of mission /036
   佛教 /040   Buddism /040
   一以贯之 /043   One thread /043
   常理 /047   General meaning /047
   宇宙观 /050   Cosmology /050
   圣人 /052   The sage /052
   颜子 /055   Yen-Tzu /055
问题 /058   **The questions** /058
   人性 /058   Human nature /058
   心 /061   The mind /061

第二章 天地	Chapter 2 Heaven-and-earth
绪论 /067 气 /069 阴阳 /081 天 /098 神 /109	Introduction /067 *Ch'i* /069 Yin and Yang /081 Heaven /098 Shen /109
第三章 人	Chapter 3 Man
绪论 /119 天性 /120 "气质之性" /129 学 /137 　制服恶"气" /137 　何谓学 /138 　学什么 /144 　疑问 /148 　成就之道 /149 　进入第二阶段 /158 　知止 /160 　大"此心" /162 　得"自明诚" /165 　入室 /167 颜回 /168	Introduction /119 The heaven-nature /120 The nature of the *ch'i*-constitution /129 Learning /137 　Overcoming bad *ch'i*-constitution /137 　What is learning? /138 　What to learn /144 　The problem /148 　The solution /149 　Entering the second stage /158 　Finding the place to stop /160 　Expanding "this mind" /162 　Achieving "authenticity resulting from clarity" /165 　Entering the room /167 Yen Hui /168

第四章 圣人	Chapter 4 Sagehood
绪论 /177 求于"危微" /178 体：何谓圣人 /181 用：圣人何为 /192 自我形象 /199	Introduction /177 Pursuing an elusive goal /178 Substance: what the sage is /181 Function: what the sage does /192 Self image /199

第五章 结论	Chapter 5 Conclusion
张载的哲学 /209 二程的哲学 /215 两大学派的差异 /226 程学的胜出 /236	The philosophy of Chang Tsai /209 The philosophy of the Ch'eng Brothers /215 Differences between the two schools /226 The triumph of the Ch'eng school /236

后记 /242	Epilogue /242
附录 /252	Appendix /252
（一）张载的著作 /253	Works by Chang Tsai /253
（二）传记 /259	Biography /259
引用书目 /264	Index /264
翻译说明 /274	Translation instructions /274
修订记 /276	Revised notes /276

前言
Preface

本书是关于才华横溢且具原创精神的思想家张载(1020—1077)的思想研究,它或许会引起两类人的兴趣:一为汉学家,因为时至今日尚不见关于张载哲学思想的专著问世（本书于1984年出版,作者所言为当时的研究状况。——编者注）;二为非专业人士,他们对中国哲学非常感兴趣,希望了解中国哲人关于宇宙、关于人在宇宙中的地位的一些具体想法。

虽然张载的著作散佚颇多,但留存至今者仍足以为我们勾勒出一个完整的哲学体系。张载的思想是一种乐观主义哲学,主张人性原本既善且美。而且,他论及世间诸恶,不再从神性、神权落笔,也不从雅道失落看。他用传统的中国哲学概念,如"气"和"阴阳"构建了一种宇宙观,但其宇宙观中的"气"和"阴阳"与它们的原意完全不同。事实上,张载的哲学体系和他的子侄辈程颢、程颐所创立的与之匹敌的哲学体系,共同开启了中国哲学史上的新篇章——新儒学[1]运动肇始于此,在未来的数个世纪里,新儒学将成为占主导地位的思想学派。

与这一运动相关的思想家们,共同构建起中国历史上前所未有的、复杂而又全面的哲学体系。正如葛瑞汉(A. C. Graham)所写的:"……一个转向中国哲学思想的欧洲人,想要借中国哲学来反观自己的哲学传统……其所得益于宋学者,可能比得益于前贤的更多。"[2]然而,新儒学运动的思想内容在西方的传播,并不

---

[1] 西方学者将这一术语用得较为宽泛,我在这里使用它,是专指中国著名的"道学"或"理学"。

[2] A. C. Graham, *Two Chinese Philosophers: Ch'eng Ming-tao and Ch'eng Yi-ch'uan* (London: Lund Humphries, 1958), 'Preface,' ix.

像先秦思想家，诸如孔子、孟子、老子等人的哲学思想那样广为人知。作为宋代早期最受关注的思想家之一，张载还没有被任何西方语言充分研究过。而我则认为，我们领悟新儒家思想的最好办法，就是精读其中某位思想家——比如张载——的著作。

张载自视为那个时代的孔子。和孔子一样，他对自己在有生之年无法发挥更大的影响力有一种挫折感。不过，在死后的九百年里，张载却对众多中国人产生了巨大的影响。他那篇最负盛名的《西铭》，成为所有受过教育的中国人必读的篇目之一。今天，在台湾地区，学生们仍然对它耳熟能详。近年来，大陆地区又掀起了一股学习张载哲学的热潮。所以说，本书所研究的，是一位生活于11世纪但其著作至今仍动人心魄的哲学家的思想。我希望本书有助于我们理解他当初所促成的哲学运动。

问题

要想重新构建一位九百年前的哲学家的思想，自然会遇到许多问题。张载的部分著作已经不存于世，而留存至今者，又因版本不同而往往存在差异。[1]此外，还有证据表明张载手定的《正蒙》，就是那部公认的最能代表其成熟思想的著作，其中很

1　见附录（一）有关参考书目问题的讨论。

大一部分是撷取其早期著作编纂而成的。[1]如若其早期著作得以保存,那么在原始文本的上下文中阅读这些摘录,当然更有利于理解它们的意思。然而,那些摘自佚著的部分,由于脱离了原文语境,其真意自然难于索解了。

此外,张载的行文风格,喜欢不时作些简注夹批,因时间、前提不同而异,这便增加了研究的难度。张载评论《论语》时,对这种行文方式犹津津乐道:

> 《论语》问同而答异者至多,或因人才性,或观人之所问意思言语及所居之位。[2]

张载教育别人,似乎也是采用这种方式,对同样的议题常常给出不同的回答,视不同环境而定。而且,张载似乎在《正蒙》中便形成了这样隐晦的文风,至少是部分如此。他将这种文风作为一种教学技巧,旨在促使弟子们深究文意,各自得其所得。当张载向弟子们介绍《正蒙》时,据传他说过这样一段名言:

> 吾之作是书也,譬之枯株,根本枝叶,莫不悉备,充荣之者,其在人功而已。又如晬盘示儿,百物具在,顾取者如何尔。[3]

---

1 例如,据户田丰三郎估计,《正蒙》约有五分之一的内容源自《横渠易说》(亦称《易说》),参见其《横渠易说考》,《广岛大学文学部纪要》第25号,1965年第1期,第232页。

2 《张载集》,北京:中华书局,1978,第308页。译者按:原文附注:"凡涉此著,皆出页码及行数。"译文略去行数,后文不再说明。

3 《张载集》,第3页。

张载希望弟子们能做主动的阅读者,熟读之,深思之。他相信,唯有如此,弟子们才能透彻地领悟他想传达的个中妙意。现代学生要想理解张载的思想,也会面临同样的挑战。

张载的生平资料,现今留存的很少。据称他曾研究佛学十年,我们对他的这段经历不得而知。这当然很遗憾,因为张载对佛学的体悟无疑对他的哲学思想影响很大。张载的许多著述都难以编年。推测而言,大约《横渠易说》作于早期,可能是1057年左右他在京师讲授《周易》时的著作。[1]《正蒙》则是他辞世前一年才让弟子们见到的作品,显然是他的最终著述。《经学理窟》作于何时,我们难以确知,甚至连作者是谁尚且存在疑问。同样的,《张子语录》的编纂细节、已经亡佚的《论语》《孟子》《春秋》注疏,也都晦昧难晓。[2]

简而言之,问题多多,所幸现存的几部张载著作,内在贯穿如一,所以我相信,以现存著作为基础,也许可以重新构建起张载的哲学体系。

方法与假设

我所使用的研究方法非常简单:从反复阅读张载的著作入手,以期对他的哲学思想有一个总的理解。然后,我用一种简易的标准确定张载哲学中的主要概念,即他辨析得最精细入微

---

[1] 见附录(一)。
[2] 见附录(一)。

的概念。选定这些之后,我便把他论述每一个概念的所有文字都整理汇集起来,通过对这些文字做整体上的考察,试着去理解这些概念对于张载的意义所在。本书的第二至第四章,便是如此努力的结果。

采用这种方法时,我拟定了一些假定的前提。首先,就像张载对种种儒学经典所设的假定那样,在不同的著作中,以及同一著作的不同地方,"道"只有一个,也就是说,我首先假定张载的著述体现了一种系统的、贯穿一致的哲学。其次,借助现存的张载著述,我们是可以拼绘出这个哲学体系的。我认为,第一个假定的前提是毋庸置疑的,第二个假定的前提则是有疑问的,因为张载的许多著作都难以编年,我们对他的思想发展轨迹又知之甚少。不过,我认为我们必须借助不同文本的段落,来使枯燥的《正蒙》变得鲜活。再者,除了他对自己的思想进行过修正完善这一明显的事实之外,没有证据表明张载在近四十岁开门授徒时所写的著作,与二十年后纂订的《正蒙》相比,在思想上有明显的变化。从张载很可能在手定《正蒙》时大量摘录其早期著述来看,[1]这种感觉就更为明显。张载的著述自成体系,对于这个假定的前提,无论是明清时期的学者搜辑张载留存的著述编纂成《张子全书》[2],还是1978年学者们编辑出版《张载集》,至少都暗含此意。

我也持《张载集》存在一个哲学体系的观点,故而本书想尝

---

1 参见《张载集》第384页。
2 见附录(一)。

试着去阐释这个哲学体系。我希望我的研究能公允地描述张载的世界观。

致谢

本书以我1982年在普林斯顿大学完成的学位论文为基础，在那里我得到了很多人的帮助。我首先要向F. W. 莫特 (F. W. Mote) 教授致以最诚挚的谢意，他和蔼可亲、学识渊博，是我心目中的师尊典范。我还要对裴德生 (Willard J. Peterson) 教授深表谢意，我阅读中国哲学原典，便是由他启蒙，他还全面深入地审读了论文的全部初稿。崔瑞德 (Twitchett) 教授指导了论文的修订，提出了很多意见，并安排了论文的出版。对此，我深表感谢。同时，我还要感谢刘子健教授和唐海涛先生给予的有益建议与鼓励。

1979年至1980年，我有幸获得美中文化交流委员会的资助，得以到北京大学求学，师从当今首屈一指的张载研究专家张岱年教授。我真诚地感谢张教授在百忙之中慨然抽出时间给予每周面授。我还要感谢北京大学的楼宇烈教授,他所讲授的中国哲学课使我获益良多。

普林斯顿大学众多友人的帮助,实在是让我不胜感激。当然,对于其中几位,我还需要在此特别感谢。诚谢詹姆士·盖斯(James Geiss)博士,他真的启我心源,不仅激励我,而且在编辑上给我建议。诚谢凯斯·海兹顿(Keith Hazleton),在本书的编写过程中,他帮我掌握了复杂的IBM 3081操作系统,否则,这本书的问世恐怕还要迟几个月,而且成本也会增加不少。迈克尔·博特(Michael Birt),我的朋友和壁球搭档,在艰难时刻为我鼓劲加油。最后,艾伦·爱丽苏芙(Ellen Eliasoph)小姐在本书的编辑和精神的鼓励上,给我的帮助也相当大。

我感谢上述所有人,以及更多没有提到的师友们。需要说明的是,我未能完全采纳他们的建议去做修改和增补,因此书中存在的任何不足之处,都由我本人负责。

绪论
Introduction

在经历了几百年的政治分裂和动荡之后,宋朝(960—1279)的帝王们建立了稳定的政治与行政体系,由此带来了许多领域的发展。比如,由于新垦土地的耕种和新技术的应用,包括一系列早熟稻种如双季稻、三季稻的引进和推广,[1]使得农业繁荣起来。工业领域也取得了进步。[2]随着经济更加商业化,地域特征越发明显,区域间的贸易逐渐增加。[3]货币的流通量也在增加,到11世纪晚期,货币的流通量可能达到了唐代最大流通量的二十倍;11世纪上半叶,政府还发行了纸币。[4]

文化领域的进步也很大。就文学而言,11世纪见证了古文运动的兴起,藻饰文风被人摒弃,简洁明了的载道抒情文字成为时尚。这一时期的散文成就斐然,是众所周知的事。同时,宋代作家还创作了大量的诗歌,并且推动了一种新的诗体——词——这种抒情诗体的发展。有学者曾说:"诗中充满摹写和哲思,如此关注日常生活这个主题,如此具有社会意识,在古代中国是前所未有的。"[5]一批画坛巨匠借山水来展示宏图与哲思,其成就也达到了前所未有的高度。始于唐代的瓷器制造,在宋

---

1 参见何炳棣:《中国历史上的早熟稻》,《经济史评论》第9卷,1956年第2期,第200—201页;Mark Elvin, *The Pattern of the Chinese Past* (Stanford: Stanford University Press, 1973), pp. 113ff。

2 参见诸如Robert Hartwell(郝若贝), 'A Cycle of Economic Change in Imperial China: Coal and Iron in Northeast China, 750—1350,' in *Journal of the Economic and Social History of the Orient*, 10 (1967), 特别是第111—124页对11世纪巨额增长的钢铁、煤炭等行业所做的描述。

3 参见Shiba, Yoshinobu(斯波义信), *Commerce and Society in Sung China*, Trans. Mark Elvin, *Michigan Abstracts of Chinese and Japanese Works on Chinese History*, No.2 (Ann Arbor: Center for Chinese Studies, 1970) p. 79。斯波义信指出(第49页),某些地方发展起来的特色行业,如苏州、湖州及温州(今绍兴)和处州(今丽水)的瓷器行。

4 参见Mark Elvin, *The Pattern of the Chinese Past*, pp. 149, 155;彭信威:《中国货币史》,上海人民出版社,1958,第280页。

5 Yoshikawa Kōjirō(吉川幸次郎), *An Introduction to Sung Poetry*, Trans. Burton Watson, Harvard-Yenching Institute Monograph Series V. XVIII (Cambridge: Harvard University Press, 1967), p. 42。

代更趋精致，因为在形状、结构、色彩等方面都有创新。中国历史上最伟大的书法家，如苏轼 (1037—1101)、米芾 (1051—1107) 和黄庭坚 (1045—1105)，都活跃在这个时期。11世纪时，学者们还撰就了不朽的史学巨著，有司马光 (1019—1086) 著名的《资治通鉴》、欧阳修 (1007—1072) 的《新唐书》和《新五代史》等。

哲学家邵雍以诗寄怀，表达了当时士人们的共同感受：

天下太平日，
人生安乐时。
更逢花烂漫，
争忍不开眉。[1]

这是一个乐观的时代，一切似乎都有可能。许多人相信他们可以重现过去的黄金时代，这一时代在一千五百年前的孔子及其弟子的著作中被理想化了。考以史实，宋朝在某种程度上的确是黄金时代：中国历史上最杰出的人物，如苏轼、欧阳修、范仲淹 (989—1052)、王安石 (1021—1086) 和司马光，都生活在那个时代，虽然他们未能恢复上古时期的政治清明，但他们是新的宋代文化的领袖。这种文化，是中国历史上最为多产、最具创造性的一种文化。他们创作的诗歌和散文、绘画和书法、历史和哲学作品，都堪称杰出。正是因为他们的这些文化成就，宋朝

---

[1] Yoshikawa, *An Introduction to Sung Poetry*, p. 27.

在中国历史上才最负盛名。

我在本书中所关注的,是那时的哲学发展,即关于人和宇宙的系统性思考。张载的"关学"与程颢（1032—1085）及程颐（1033—1107）的"洛学",在11世纪后期的中国是最具影响力的哲学流派。[1] 两派各自构建起系统的哲学,以解答11世纪许多儒家学者所关心的各种问题,这两种哲学与此前的任何哲学迥然有别。虽然确切归纳出导致哲学新路开启的特定的社会、心理与历史成因绝非易事,但是,有几个方面的显见发展,确实促成了这个阶段的出现。

安史之乱（756—763）后,中国进入政治分裂和军阀混战时期,这种局面一直持续到唐朝灭亡,并在五代时期（907—960）陷入最差状态。在这半个世纪里,短命的地方性王朝为移唐鼎,彼此争斗不已。武人乱政、将帅立朝不少于四次,谋划未遂的政变,更是不胜枚举。[2] 最后一次兵变,是由赵匡胤指挥后周的骁勇禁军发动的。这次起事倾覆了后周王朝,赵匡胤开国承统,创立大宋基业,庙号太祖。

宋太祖的大部分努力,用在了重新清一寰宇上,或征战以服之,或遣使以屈之,对新附之地则巩固之。为完成这一大业,他需要一支强大的军队。当然,他也深知其中的危险:将权过重

---

[1] "关"指关中（"关内"之意）,即今陕西省中部。"洛"指洛阳。虽然张载和二程的某些思想雏形可以在早期的思想家那里找到,但他们的思想与早期思想家的思想有很大差别。而且,他们也自认为如此。由于这个原因,加上他们对后世思想家产生了巨大的影响,因此他们可以被视为新儒学运动的创始人。

[2] 参见Edmund H. Worthy（埃德蒙·H.沃西）, Jr., 'The Founding of Sung China, 950—1000: Integrative Changes in Military and Political Institutions.' (Diss. Princeton 1975), pp. 104—105。

或者禁军骄纵不受节制，皇帝将难以加强中央集权。比如，961年即位之初，太祖便与宰臣赵普(922—992)进行了如下对话：

> 一日，召赵普问曰："天下自唐季以来，数十年间，帝王凡易八姓，战斗不息，生民涂地，其故何也？吾欲息天下之兵，为国家长久计，其道何如？"普曰："陛下之言及此，天地人神之福也。此非他故，方镇太重，君弱臣强而已。今所以治之，亦无他奇巧，惟稍夺其权，制其钱谷，收其精兵，则天下自安矣。"语未毕，上曰："卿勿复言，吾已喻矣。"[1]

所以，自御极之初，宋太祖便开始逐渐限制主要将领的权力，并进行制度上的改革，避免将帅位高权重，像他本人当年那样威胁皇位。[2]他还采取措施，确保戍边将帅不至权力大到可以踵武唐代方镇，割据一方。[3]

简而言之，这些都是宋太祖的遗制。按照宋代的正史记载就是："艺祖革命，首用文吏而夺武臣之权。宋之尚文，端本乎此。"[4]这句话当然有些言过其实，不过也算话出有因。宋太祖为后来的宋朝统治者定下必须依循的方略：削夺将领的兵权，加

---

[1] 李焘：《续资治通鉴长编》(以下简称《续通鉴长编》)，北京：中华书局，1979，第二卷第49页（凡涉此著，仅标卷数及页码），转引自Worthy, 'The Founding of Sung China, 950—1000,' p. 274。

[2] 参见Worthy, 'The Founding of Sung China, 950—1000', pp. 173—177。

[3] 参见《续通鉴长编》第三卷第77页相应的讨论，见Worthy, 'The Founding of Sung China, 950—1000', pp. 190—195。

[4] 脱脱等：《宋史》，北京，中华书局，1977，第四百三十九卷第12997页（凡涉此著，仅标卷数及页码）。参见Peter Kees Bol, 'Culture and the Way in Eleventh Century China,' (Diss. Princeton 1982), p. 38。

强中央集权。但是,他又不得不在很大程度上依赖武将,因此在他统治的时期,他始终没能全面推行这种政策。[1]

由于不再背负统一天下的重任,[2]宋太祖的继任者宋太宗(976—997年在位)和宋真宗(998—1022年在位)清醒地认识到巩固中央集权的上上之策是培养有忠君思想的文官。[3]二君御宇的四十六年里,开科取士达九千余人,而在宋太祖统治的十六年里,仅取士296人。[4]此外,宋太宗启动了四大学术工程,宋真宗则又增加了一项[5],从而使更多的文人"入吾彀中"[6]。宋太宗喜诗[7]善书[8],于文翰颇具天赋。进入政府的文人数量迅速增加,至少部分地延续了宋太祖抑制军权的政策。[9]

让文人进入政府的政策影响可谓深远。11世纪早期,文官执政,士人通过掌握经术获得社会地位。其中一部分学者将注

---

[1] 埃德蒙·H.沃西写道:宋太祖巩固了对军队的掌控权,对高级文官的依赖非常少。"他对于儒学及其机构的赞助与支持可谓寡恩,有限并且肤浅,这使他的睿智君主形象大打折扣。"(Worthy, 'The Founding of Sung China, 950—1000', pp. 296—301.)

[2] 979年宋太宗攻灭北汉,使宋朝出现了前所未有的统一局面,而在那之后收复被契丹占领的长城以南地区的努力终告失败。1004年,宋辽签订和约。

[3] 参见诸如毕沅等辑:《续资治通鉴》(以下简称《续通鉴》),北京:中华书局,1979,第十一卷第270页、第十六卷第381页(凡涉此著,仅标卷数和页码)。

[4] 参见荒木敏一:《宋代科举制度研究》,东京:东洋史研究会,1969,第449—461页;马端临:《文献通考》,见《十通》(重印《国学基本丛书》本),台北:新兴书局,1965,第三十二卷第304—305页。

[5] 参见John W. Haeger, 'The significance of confusion: the origins of the T'ai-p'ing yū-lan,' *Journal of the American Oriental Society* 88, No.3 (1968), p. 401. 关于这个学术项目的说法,参见Bol, 'Culture and the Way in Eleventh Century China,' pp. 41—42.

[6] 例如,十四人编纂《太平御览》,耗时五至六年〔王应麟:《玉海》,台北:华联出版社,1964、1967,第五十四卷第34页(连续页码为第1075页)〕,而《文苑英华》的编纂则超过二十人(参见《宋会要辑稿》,北京:国立北平图书馆,1936,第五八一八卷第1页上"崇儒五"《编籍书籍》)。

[7] 参见诸如王应麟:《玉海》,第一百九十三卷第12页(连续页码为第3636页);《续通鉴长编》第十八卷第393页、第413页。

[8] 参见《续通鉴》第十一卷第267—268页。

[9] 参见《续通鉴长编》第十八卷第394页。参见麓保孝:《北宋时期儒学的发展》,东京:书籍文物流通会,1967,第2页;Worthy, 'The Founding of Sung China, 950—1000', pp. 305—306.

意力转向哲学研究，期望利用传统儒学经籍融炼出一种能为新朝所用的意识形态。

还有其他一些因素，为11世纪的哲学发展奠定了基础，印刷术的传播便是其中之一。虽然没有证据表明印刷术的传播与哲学的发展有关，但仍有理由假定二者之间存在关联。许多此前很难买到的书籍开始变得容易得到。[1]首次雕印儒经，是由后唐(923—936)宰相冯道(882—954)主持的，于953年完成。[2]988年，国子监印行《五经正义》。1001年，在完成校勘后，皇帝下令刊印"九经"。[3]到11世纪初，多部典籍都已经被刊印，比如：司马迁的《史记》和其他几部史书、一部百科全书式的著作(《太平广记》)和一部重要的古汉语辞典(《尔雅》)。[4]另外，开封国子监也刊印了多种著作，各州府及书院都刊印过一些著作。[5]1005年，有士人上奏皇帝，陈述刊刻书籍的重要性：

---

[1] 麓保孝认为印刷术及伴随而来的书籍供应是宋代文化复兴的主要因素，见《北宋时期儒学的发展》第19页。

[2] 参见Thomas Francis Carter(托马斯·弗朗西斯·卡特), *The Invention of Printing in China and Its Spread Westward*, revised by L. Carrington Goodrich (New York: Ronald Press Co.1925, 1955) pp. 70—72. Paul Pelliot, *Les Debuts de L'Imprimerie En Chine* (Paris: Imprimerie nationale, Librairie d'Amerique et d'Orient, 1953) pp. 52—53。与此同时，就像以前的政府所做的那样，这些经典也被刻在石头上，包括唐代官方注疏的碑版之一，951年刻成于四川成都；晚一些的无注疏的碑版，1061年刻成于开封(麓保孝:《北宋时期儒学的发展》，第15—17页)。

[3] 麓保孝:《北宋时期儒学的发展》，第2—3页；《续通鉴》第二十二卷第515页。"五经"是指《诗》、《书》、《易》、《礼》、《春秋》及所附之《左传》，宋人或称为"六经"。上述五种经籍之外，另有《乐经》在汉代时已佚。所谓"九经"，是指上述"五经"之外另加两种礼书即《周礼》、《仪礼》，以及《春秋》另外的两种传，即《春秋公羊传》、《春秋谷梁传》。宋人有时又称"十三经"，是指在上述"九经"之外再加上《论语》、《孟子》、《尔雅》和《孝经》。《孟子》跻身儒经，始自1061年国子监刻石经。

[4] 参见E. A. Kracke Jr., *Civil Service in Early Sung China: 960—1067*, Harvard-Yenching Institute Monograph Series v. XIII (Cambridge: Harvard University Press), 1953, P. 18. Pelliot, *Les Debuts de L'Imprimerie En Chine*, pp. 86—87。

[5] 参见Pelliot, *Les Debuts de L'Imprimerie En Chine*, p. 88。

国初不及四千，今十余万，经史正义皆具。臣少时业儒，每见学徒不能具经疏，盖传写不给。今版本大备，士庶家皆有之，斯乃儒者逢时之幸也。[1]

977年，江州知州奏请抄书以实白鹿洞书院，该书院为宋代最著名的书院之一。皇帝颁旨令国子监抄副与之。[2]990年，皇帝敕令向全国诸路颁送整套儒经，并要求所有官员研习之。[3]印刷术的进步，使儒经这个11世纪儒学复兴的文本要求变得极易满足，这是以前所无法比拟的。[4]

另外一个常常为人们所忽略的因素，我在这里特别予以指出。佛教此时已经成为中国哲学的一个基本组成部分。许多儒家学者都曾热衷于排佛，他们认为佛教思想对中华帝国有害。同样重要的是，佛教术语已经成为中国士人知识世界的组成部分。当时，在某种程度上，学者们已经知道有这样一个哲学体系，它处理的是宇宙观和本体论的问题，而这些问题从来不在儒学传统的范畴之内。因此，为了反驳佛教，儒家学者不得不进行关于宇宙论、本体论和现实本质的思辨，这些都是以前被

---

1 《续通鉴》第二十五卷，第576页。这些数字与他处数字来源各异，故不应据此先入为主。参见《玉海》第六十二卷和《宋史》第二百零二卷第5032页《艺文志·序》。

2 参见《续通鉴》第九卷，第213—214页。

3 参见《续通鉴》第十五卷，第358页。路是宋代最大的行政单位，大致相当于后世所谓的省。997年，宋朝全国共分为15路，到神宗时期（1068—1085）这个数字增加到23个。参见Winston W. Lo, 'Circuits and circuit attendants in the territorial administration of Sung China,' in *Monumenta Serica*, 31 (1974—1975), pp. 56—57。

4 卡特曾讲："在佛学东渐之前，经籍的刊印对于儒学文献的保存和一国民众的教育其实是很有用的。而后来经典的复兴，恰可与欧洲重新发现古典文学后出现的文艺复兴相比，而欧洲的文艺复兴也是在印刷术发明的帮助下出现的。"Carter, *The Invention of Printing in China and Its Spread Westward*, p. 83。

以伦理为中心的儒学边缘化的话题。

这么一来，其中许多人受到佛教影响的程度比他们承认的要大得多。他们坚持认为自己的思想来自儒学传统，但其思想与佛教的关联是显而易见的。比如，程颐曾被问到他关于"觉"的观点是否跟佛教的"悟"相似，他回答说：何必讲浮屠呢，孟子就谈过觉了。所谓觉悟，就是懂得了儒理。[1]同样，苏轼曾记录过自己与和尚的一段对话："予告之曰：'子所谈者，予于儒书已得之矣。'"苏轼随即以《中庸》之道证得佛理。[2]许多11世纪的学者都攻击佛教，并试图驳斥佛理，可是如此一来，恰恰又显示出佛教对他们的巨大影响。因此，具有讽刺意味的是，从11世纪开始，那些自认为是儒家传统坚定捍卫者的学者，常常被攻击为崇佛之徒。

总而言之，帝王的倡学与修典、士大夫的兴起、印刷术的传播以及新政权带来的全面稳定，为11世纪的哲学思想迈上新途起到了促进作用。那些哲学发展的趋向是由这样一个事实促成的，即许多学者全然不顾自己深受佛教思想的影响，反而视佛教为恶之源而大力排佛。

这里分析佛教思想对儒家学者知识世界的影响，与这一时期最重要的哲学家之一张载有关。张载受佛教影响很深，[3]他撰写哲学著作的目的之一，就是为了反驳佛教的观点。他所构建

---

1 参见程颢、程颐著：《河南程氏遗书》《国学基本丛书》本），第217页。（凡涉此著，仅注页数）。

2 参见侯外庐：《中国思想通史》，北京：人民出版社，1959，第四卷第十二章第586页。

3 见附录（二）。

的哲学体系，虽然源自儒学经典，却对经典做出了全新的解释，这种诠释方式大概不是孔子所能认同的。

张载辞世较程颐早三十年，他死后，门人便散去，后多赴洛阳，师事二程。二程及其弟子的哲学，特别是他们的四传弟子朱熹（1130—1200）的哲学，杰然突出，为一时之显学，后来成为官方认可的正统学说。为了统一11世纪的各种哲学思潮，朱熹拉出一条各学派之间"道问学"的简便线路。他坚持认为这个运动路线是：周敦颐（1017—1073）启其途，一传而至二程，别派歧出则为张载、邵雍（1011—1077）。这样的图解，被人们当成事实接受。可是，它却混淆了一个关键点：张载这位重要的哲学家，他所创建的哲学体系，很大程度上是在二程之前，并且独立于后者之外的。由于这个原因，张载的哲学，除了那些与程朱理学相一致的思想外，其他思想在此后的数个世纪里很少受到重视，而且他的部分著作也逐渐亡佚。[1]

明清两朝的各派哲学家因为要和程朱正统唱反调，便重新对张载的思想产生了兴趣。[2]近来，大陆学者喜欢上他，是把他当成唯物主义思想家。[3]尽管如此，张载的思想并没有被完全理解，他在西方就更鲜为人知了。我希望这项研究有助于我们探寻张载的思想与新儒学的起源。

---

1 参见山根三芳：《正蒙》，东京：明德出版社，1970，第11—12页。

2 例如，王廷相（1474—1544）、王夫之（1619—1692）、王植（1681—1766）和李光地（1642—1718）。

3 参见诸如《哲学研究》1956年第4期，其中有关张载是唯物主义者还是唯心主义者的争论文章。

第一章

11世纪的学术环境

The intellectual climate of the eleventh century

绪论

到宋代时，自汉代（前206—220）直到晚唐统治中国的士族渐趋式微。11世纪，一个新的精英阶层崛起了，他们获取社会地位和政治权力不靠门荫，而是凭着对古典文化传统的纯熟掌握，并由能否通过科举考试来证明。11世纪时，诸如哲学、散文及史学研究等领域的文化繁荣，都与这种社会变革有关。

张载和二程哲学的出现，是这一时期最显著的哲学发展之一。在本章中，我将试着从当时的学术环境来分析这两个学派。

11世纪的哲学发展，在某种程度上可以被视为儒家学者试着对"道"——国家的道德和政治原则——给出定义并践履它。[1] 这需要明确哪些经籍至关重要，更为关键的是，还必须确定从这些经籍中学些什么。通过师生间的授受，他们对道所下的定义，便得以用来训示后学，也就是那些最终将成为未来政界和学界精英的人。这一时期哲学上的许多辩论，其中心议题都集中在如何定义"道"上。

11世纪初，宋朝出现了一批非常有影响力的儒师——有学者称他们为"辩儒"，[2] 其中最负盛名的是孙复（992—1057）、胡瑗（993—1059）和石介（1005—1045）。其他的像欧阳修和陈襄（1017—1080），

---

[1] 在这一章中，我主要关注的是自认为或被他人称为"儒"的文人集团。这是一个极其多样化的群体，其成员都受过古典教育，对孔子和儒经有着浓厚的兴趣。我称他们为"儒"，将他们视为儒家学者，以便彰显这个群体中的文士有与佛道相别的自觉。黄宗羲在《宋元学案》《国学基本丛书》本）第一卷第112页写道："通天地人曰儒。以鲁国而止儒一人，儒之名目，原自不轻。儒者，成德之名，犹之曰贤也，圣也。"

[2] 参见Graham, *Two Chinese Philosophers*, 'General Introduction,' xv。

也是个中翘楚。正是这些人催生出11世纪最初的哲学之花,并成为下一代的老师。

胡瑗是其中最有影响力的人之一。宋神宗(1068—1085年在位)曾问胡瑗的弟子刘彝(1017—1086)有关他的老师的事,刘彝答道:"出其门者,无虑数千余人。故今学者明夫圣人体用,以为政教之本,皆臣师之功,非安石比也。"[1]据《宋元学案》记载,当时由礼部推荐而入科场者,有一半人曾师从胡瑗。[2]欧阳修说:"自明道、景祐以来,学者有师。"[3]进而解释说:所谓老师,就是胡瑗、孙复和石介。沈括(1031—1095)曾致书欧阳修,称欧阳氏"为天下之师三十年余矣"[4]。据载,陈襄的弟子也是逾千人。[5]

在训导后学方面,这些人也给后辈们提出了一个挑战:复兴圣人之道。例如,孙复写道:"然则仁义不行,礼乐不作,儒者之辱与!"在这篇文章的末尾,他还哀叹道:"其将奈何,其将奈何!"[6]

一些与胡瑗同时代的思想家,则致力于宇宙观的思考,其中最杰出的是周敦颐和邵雍。其实他们并非儒学的主流,他们

---

1 《宋元学案》第一卷第26页,转引自William Theodore deBary, 'A Reappraisal of Neo-Confucianism,' in *Confucianism in Action*, ed. David Nivison and Arthur F. Wright (Stanford: Stanford University Press, 1959), p. 90。

2 参见《宋元学案》第一卷第26页,见James T.C. Liu(刘子健),'An Early Sung Reformer: Fan Chung-yen,' in *Chinese Thought and Institutions*, ed. John K. Fairbank (Chicago: University of Chicago Press, 1957), p. 126。又,陈襄曾讲胡瑗在东南授徒逾十年之久,有生徒1700人。见陈襄:《古灵集》之《与两浙安抚陈舍人书》,《四库全书珍本丛书》本(以下简称《四库珍本》),台北:1972,第十四卷第1页。

3 欧阳修:《胡先生墓表》,见《欧阳修全集》,香港:广智书局,1966,第二卷第11页。

4 沈括:《上欧阳参政书》,见《长兴集》第十九卷,《沈氏三先生文集》《四部丛刊》本)第四卷第53页。

5 参见《宋元学案》第二卷第87页。

6 孙复:《儒辱》,见《宋元学案》第一卷第92—93页。

对11世纪思想的影响被人们夸大了。[1]他们的重要意义不在于哲学上的影响,这种影响是很小的,而是作为一种事实的象征:如果儒家学者要回应孙复提出的挑战,就不能像孔子那样置宇宙观的探讨于不顾[2]。关于现实本质的问题和佛教徒给他们提供的颇具说服力的答案,如今已经摆到桌面上,亟待解决。

儒家学者要想使他们关于"道"的定义得以制度化,假设他们的定义能达成一致,那么获取政治上的权力就很有必要了。孙复在上面引用的文章中写道:"矧彼以夷狄诸子之法乱我圣人之教耶,其为辱也大哉。"因此,他写道:"不得其位,不剪其类。"[3] 事实上,儒家学者们确实设法"得其位"了。

在获得政治权力的群体中,最突出的是范仲淹、欧阳修、富弼(1004—1083)和韩琦(1008—1075)。沈括在给欧阳修的信中,就曾谈到文化领袖获得政治权力的重要性。他写道,自周公以来直到现在,能"有为于天下"者,少之又少。由于这样的人很少,所以人们不能奢望他们出现,再说,纵然这样的人出现了,也不大可能"有其时与位"。而欧阳修却恰逢其时,所以沈括说:"不可得而待于古者,而遇于今,而又有其时与位,天下之所望于阁下。"[4] 石介用《庆历圣德颂》一诗来歌颂这一群体的崛起。

---

1   Graham, *Two Chinese Philosophers*, General II 'Introduction,' xviii, 称周敦颐在11世纪时几乎不为人所知,而邵雍的思想则深奥难懂。例如,《宋元学案》第四卷第81页引用程颢的话,称邵雍欲授二程象数之学,但这需要二十年的努力。

2   例如,《论语》第五篇第13章,所用《论语》版本为《哈佛燕京学社汉学引得》1935—1940特刊第16号《论语引得》,台北: 成文出版社重印, 1966。译见James Legge, *The Chinese Classics*, 2nd ed., revised (Oxford: Clarendon Press, 1865—1895) v.l, p. 177, 称:"夫子之言性与天道,不可得而闻也。"

3   《宋元学案》第一卷第93页。

4   沈括:《上欧阳参政书》,见《沈氏二先生文集》第四卷第53页。

这类政坛领袖凭借他们的实权和影响力，声援像胡瑗和孙复那样的儒师，并以此扩大他们的影响力。比如，范仲淹曾荐胡瑗、李觏(1009—1059)和孙复(由范仲淹和富弼共同推荐)为学官。[1]据《宋元学案》记载，胡瑗、孙复、石介和李觏都被看成范氏门生。[2]1044年，韩琦荐石介为国子监直讲。[3]1056年，欧阳修荐胡瑗、孙复为国子监直讲。[4]

范仲淹及其追随者还创新学制，教益后学，以推挽政坛后进。1044年，作为庆历新政的组成部分，范仲淹将开封府内的锡庆院改制为太学，又在各地兴办府学。[5]皇帝敕令各地学校推行胡瑗的教学方法。[6]学校的兴办，使这些新兴精英们的价值观念得以广泛传播。[7]比如，陈襄曾说："某尝谓：学校之设，非以教人为辞章取禄利而已……必致学者首明《周官》三物之要，使有以自得于心，而形于事业，然后可以言仕。"[8]欧阳修还撰文

---

[1] 参见欧阳修：《孙明复先生墓志铭》，《欧阳修全集》第二卷第27页。《宋元学案》第一卷第25页、第一卷第66页、第二卷第24页。《续通鉴》第四十五卷第1076页、第五十一卷第1237页。Liu, 'An Early Sung Reformer,' pp. 109—110。

[2] 参见《宋元学案》第一卷第97页。

[3] 参见《续通鉴》第四十六卷第1112页。译者按：作者在这里翻译的"国子监"跟下面注释的译法不同。

[4] 参见James T.C. Liu, *Ou-yang Hsiu: An Eleventh-Century Neo-Confucianist* (Stanford: Stanford University Press, 1967), pp. 88—89。

[5] 参见赵铁寒：《宋代的州学》，《宋史研究集》，台北："国立"编辑馆中华丛书编审委员会，1958，第二卷第343—346页；参见赵铁寒：《宋代的太学》，同上第一卷。

[6] 参见《续通鉴》第五十六卷第1374页、《宋元学案》第一卷第25—26页、《欧阳修全集》第二卷第11页《胡先生墓表》。

[7] Liu, *Ou-yang Hsiu*, p. 87, 称那次变革 "……目的不仅在于增加学校的数量，而且在于提高教学的质量。希望……儒学渗入整个社会"。

[8] 陈襄：《杭州劝学文》，见《古灵集》第十九卷第1页。"三物"为：(1) 六德：知(智)、和、圣、仁、义、忠；(2) 六行：孝、友、睦、姻、任、恤；(3) 六艺：礼、乐、射、御、书、数。见《周礼》第十卷第7页，《四部丛刊》本。

称赞兴办学校:"教学之法,本于人性,磨揉迁革,使趋于善。"[1]

兴办学校之外,范仲淹及其同道还进行了吏治改革。他们限制荫封,改革科举。庆历新政时期,主政者在科考中侧重于考察考生对儒学经典的理解,而不是此前强调的文辞技巧。新政还要求州府荐士以德。[2] 庆历新政后,科考制度发生了许多变化,兴办的州府学校虽不如提倡者所预期的那么多,[3] 不过,这些措施对于诱掖年轻学子还是颇有成效的。程颐入国子监师从胡瑗便是一例。[4] 需要说明的是,这些改革在某种程度上可以被视为新的精英阶层将道德与仕行制度化的一种尝试,简而言之,就是让他们关于"道"的定义取得制度化的保障。

1057年,欧阳修主持贡举考试。他倡导古文,痛抑险怪奇涩的时文。他所制的文题,以发明儒经和议论时政为重点。[5] 根据正史记载,"场屋之习,从是遂变",[6] 曾巩(1019—1083)、苏轼、程颢和张载,都是在这一年及第的。

科举考试的重要性虽然不应被夸大,但是在11世纪它仍是问津仕途的首选。考生们多年寒窗,只为一朝成名。科考内容与形制的变化,因而成为风向标,影响到全国的士子。当王安石在1075年用他的《三经新义》作为科考的标准文本时,其目

---

[1] 欧阳修:《吉州学记》,见《欧阳修全集》第三卷第59页。

[2] 参见Liu, *Ou-yang Hsiu*, pp. 113—114.

[3] 参见诸如Liu, 'An Early Sung Reformer,' pp. 111, 115。又见John William Chaffee, 'Education and Examinations in Sung Society (960—1279),' (Diss. Chicago 1979), pp. 76, 其中关于宋代学校的论述。

[4] 参见《宋元学案》第五卷第48页。

[5] 参见Liu, *Ou-yang Hsiu*, p. 152。亦见《宋史》第三百一十九卷第10378页、《宋元学案》第二卷第48页。

[6] 参见Liu, *Ou-yang Hsiu*, p. 152。亦见《宋史》《宋元学案》相关部分。

的无非借助自己的政治权力，使其关于"道"的新见得以制度化。这是很重要的一步，跟王安石政见、思想不同者，对此举反应激烈。争辩不断升级，导致朋党之祸，并一直持续到南宋时期(1127—1279)。[1]

除通过兴学和科考来诱掖后进之外，学者们还将目光倾注到上层。1033年后，置大儒于朝堂讲经成为常制。此制相沿成习，虽然形式各异，但终宋一代没有间断过。[2]

所有这些方面的发展，都可以被视为儒家学者想让关于"道"的概念得以制度化所做的部分尝试。不过，要想让这种努力产生实效，他们还必须就"道"的概念达成一致。虽说这时已经大体上达成了共识，但仍不彻底。这种共识，基于11世纪时众人的努力，最终完成于13世纪。

所以，一个新的精英阶层的出现，以谙熟儒经为能事，致力于对这种文化达成共识的部分进行界定和制度化。这样的努力，其实是以几种假设为前提的。这类精英中的许多人都非常自信，以至于有学者将他们的自信描述为11世纪的"激进乐观主义"[3]：他们认为自己重新发现了自孟子时代以来就已经式微(或消失)的圣人之道。他们有一种使命感和责任感：明"道"，示之于众，使人见而从之，并且懂得佛教是有悖于道的。他们

---

[1] 参见下文第243—251页。

[2] 参见Robert Hartwell, 'Historical Analogism, Public Policy, and Social Science in Eleventh- and Twelfth-Century China,' in *American Historical Review*, 76 (1971), p. 697.

[3] Thomas A. Metzger(墨子刻), *Escape from Predicament: Neo-Confucianism and China's Evolving Political Culture* (New York: Columbia University Press, 1977), p. 78.

相信只存在一种"道"，正如孔子所言"吾道一以贯之"**1**。换句话说，有且只能有一个"道"，而且这个"道"在不同的儒家经典中都有描述。他们还认为，尽管经籍文本有讹衍，但通过阅读经籍，人们可以理解"常理"——即所谓的"道"。借助经籍，尤其是基于《周易》的《系辞》，儒家学者可以构建起一种宇宙观。他们是如此乐观，以至于认为人人皆可成圣；并且他们还认为，孔门弟子颜回就是努力成圣的最佳历史典范。

这些假设引出了许多人试图解答的一系列问题：假如"道"是唯一的，那么，这个贯通天地人的"道"是什么？人性是由什么构成的？孟子说人性本善，可世间却有种种的恶，这该如何解释？什么是"心"**2**？人要怎样养"心"才可成圣？这些都是11世纪的思想家们所提出来的问题。

接下来的讨论并不是对11世纪的思想作综述，而是对上述那些假设以及由此引出的问题作一番讨论。在讨论的过程中，我将引用许多11世纪学者们的论述，以便提供当时学人言论的原本，用以支持我的论点，即他们的这些假设与讨论的议题，确实是11世纪众多学者所共同关注的。当然，这并不是说他们每个人都思考过上述所有问题，或者说他们并不关注除此之外的其他任何问题，而且也没有以他们的思考与探讨为正统观念的意思。为了说明当时尚不存在正统观念，只需回顾一下

1　《论语》第四篇第15章、第十五篇第3章。

2　在中国传统思想中，心脏被认为是精神活动的中心。"心"这个术语意指心脏、思想和意识。一般来说，我会把它翻译为思想，除非心脏与意识的意思更加明显。读者应当注意的是，中文的"心"包含了上述所有意思。

11世纪的人们对于孟子的评价即可。因为直到13世纪朱熹的哲学被确立为正统之后，孟子作为亚圣的地位才得以稳固。张载与二程虽然都崇敬孟子，但是在11世纪，人们关于孟子的评价仍然存在着各种分歧。李觏说："孟子自以为好仁，吾知其不仁甚矣。"[1] 司马光认为《孟子》是汉代的伪作，并写了《疑孟》一书[2]，而他的儿子司马康（1050—1090）却视《孟子》为载明王道的宝典[3]。有研究者曾将11世纪的儒家学者看待孟子的立场分为三种：坚决排斥、适度接受、全然赞同。[4] 换句话说，11世纪时还没有什么正统存在，而当时的许多哲学运动，或许只能看成是在酝酿正统吧。

假定的前提

担当意识

许多11世纪的学者都认为王道失传已将近一千五百年。石介写道："去孔子后千五百年间，历杨、墨、韩、庄、老、佛之患，王道绝矣。"[5] 石介认为自己和同道们有责任揭示并且捍卫圣人之道。他称要担起这种责任就好比仆夫追盗贼，要敢于冒生命危险："盖事主人之道不得不尔也，亦云忠于主而已矣。不知其

---

1 《宋元学案》第二卷第35页。
2 参见《宋元学案》第三卷第91页。
3 参见《宋元学案》第三卷第91页。
4 参见夏君虞：《宋学概要》，1937年本，台北：华世出版社，1976年重印，第56页。
5 石介：《读〈原道〉》，见《徂徕集》《四库珍本》）第七卷第4页。

他也，吾亦有死而已，虽万亿千人之众，又安能惧我也。"[1]石介说："仆独挺然自持吾圣人之道……仆独确然自守圣人之经。"[2]孙复的《儒辱》也持同样的论调："儒者之辱，始于战国……儒者不以仁义礼乐为心则已，若以为心，得不鸣鼓而攻之乎？"[3]

因此，石介、孙复便以孤独的卫"道"者自居，李复（1079年中进士）也是持"道"丧之论的："圣人之道不传也久矣。"[4]其他人也抱持圣人之"道"已失传一千五百年的说法，不过论调更乐观一些。比如，欧阳修说："学者不谋道久矣，然道固不荒废。"[5]还有人持儒道复显之论。王开祖〔皇祐年间（1049—1054）进士〕谈到这些时还是很乐观的："使孔子用于当时，则《六经》之道反不如今之著。"[6]

后来，朱熹所说的道统——"道"何时丧的、何时复的——为官方所接受。《宋史》沿用他的说法，说道统始自文王，传于周公，以至于孔子、曾子、子思，终于孟子，此后便不得其传，"千有余载，至宋中叶，周敦颐出于舂陵，乃得圣贤不传之学……"张载与二程踵武前贤，"道"始显之于众。[7]

这种担当意识也有政治方面的原因。他们中的许多人都以践行圣贤之道为己任。范仲淹的名言"先天下之忧而忧，后天

---

[1] 石介：《怪说下》，见《徂徕集》第五卷第4—5页。
[2] 石介：《答欧阳永叔书》，见《徂徕集》第十五卷第6页。
[3] 孙复：《儒辱》，见《宋元学案》第一卷92—93页。
[4] 《潏水集》《四库珍本》第三卷第20页。
[5] 欧阳修：《答孙正之侔第一书》，见《欧阳修全集》第三卷第93页。
[6] 《宋元学案》第三卷第6页。
[7] 参见《宋史》第四百二十七卷第12709—12710页。

下之乐而乐"，便体现了这种政治上的担当意识，并且将之运用于"庆历新政"中。[1]许多人认为，政治上的衰败，从传说中的"三代"便已经开始了。他们否认那之后的历朝历代，包括汉唐都不值得参考。张载说："为政不法三代者，终苟道也。"[2]张载大力提倡井田制："治天下不由井地，终无由得平。周道止是均平……井田至易行……"[3]同样，程颐在1050年上奏仁宗皇帝时写道："治天下之道莫非五帝三王周公孔子治天下之道也。"[4]程颢上奏神宗皇帝时也写道："……三代之法，有必可施行之验。如其纲条度数，施为注措之道，则审行之必也。稽之经训而合，施之人情而宜，此晓然之定理。"[5]虽然很多早期思想家持有许多类似的想法，这些想法却从来没有如此广泛地被接受。例如，李复曾说："近世言治者，以为不行三代之政，不可以言治。"[6]

这种政治上的理想主义招致了某些群体的强烈批评。比如，苏轼曾说："仕者莫不谈王道、述礼乐，皆欲复三代、追尧舜，

---

[1] 参见Liu, 'An Early Sung Reformer,' p. 111。

[2] 《张载集》，第386页。在这一章中，我不列举张载和二程所做的评论，除非这些评论没有在本书的其他地方出现。

[3] 张载:《经学理窟·周礼》，见《张载集》，第248—249页。井田制是孟子所谓上古时期的土地制度，八户围着主人的田地（即公田）耕种，各自耕种一块私田，同时助耕公田。这种土地制度被称为井田制，是因为土地的形状类似"井"字。有人怀疑这种制度是否存在过，参见Cho-yun Hsu（许倬云），Ancient China in Transition (Stanford: Stanford University Press, 1965), pp. 195—196, 及所引参考文献。

[4] 程颐：《上仁宗皇帝书》，见《伊川文集》(《四部备要》本）第一卷第16页，转引自 Sources of Chinese Tradition, compiled by William Theodore deBary, Wing-tsit Chan and Burton Watson (New York: Columbia University Press, 1960), v.1, p. 397。

[5] 程颢：《论十事札子》，见《明道文集》(《四部备要》本）第二卷第7页，,转引自 Sources of Chinese Tradition, v.1, p. 403。

[6] 李复：《答人问政书》，见《潏水集》第五卷第14页。

终于不可行。"¹ 李觏也批评他同时代的人:"今之学者……乐王道而忘天子……(吾以为)无王道可也,不可无天子。"² 换句话说,李觏认为人们沉迷于恢复古道,以至于忘记了政治现实。但是,李觏也提倡践行《周礼》之制:

> 夏商以前,其传太简。备而明者,莫如周制。自秦用商鞅,废井田,开阡陌,迄今数千百年。学者因循,鲜能道平土之谓,虽道之,犹卤莽,未见其详。于戏,古之行王政,必自此始。³

作为宋人具有强烈的政治担当意识的高潮,是王安石的变法。王安石为变法的思想辩护,称这些改革都是基于《周礼》的常制。⁴ 他告诉皇帝:"陛下尝欲行尧舜之制,则尧舜之制实易行之……"⁵ 然而,王安石的新政导致了激烈的朋党之争,并一直持续到宋朝覆亡。

总而言之,这些人认为自己有一种使命感:揭示并且遵循古代圣贤之道。这种使命感促使他们步入政坛,并且尝试着践行圣贤之道。道应当被践行之说虽然被广泛接受,但是,怎样

---

1 苏轼:《应制举上两制书》,见《经进东坡文集事略》(《四部丛刊》本,以下简称《东坡事略》)第四十二卷第4页。转引自deBary, 'A Reappraisal of Neo-Confucianism,' p. 100。

2 《宋元学案》第二卷第37—38页。

3 李觏:《平土书序》,见《中国哲学史资料选辑》,北京:中华书局,1962,第四版第一卷第28页。

4 参见诸如王安石《上五事札子》,见《王临川集》(《国学基本丛书》本),第五卷第3页。参见James T.C. Liu, *Reform in Sung China: Wang An-shih (1021—1086) and his New Policies*, Harvard East Asian Series, 3 (Cambridge: Harvard University Press, 1959), pp. 30—33, 43。

5 译见deBary, 'A Reappraisal of Neo-Confucianism,' p. 101。

去践行,用什么方法践行,却产生了激烈的争论。不过,大多数11世纪的儒家学者在有一点上却达成了共识:佛教非"道"。

佛 教

许多11世纪的学者认为,由于那时佛教已广布中国,排佛必须放到比复兴圣人之道更为优先的位置。按照传统的说法,自845年灭佛和北宋新儒学兴起后,佛教除禅宗之外,已不再是中国思想史上的主力了。[1]事实上,情况要复杂得多。11世纪儒士的一些尖锐激烈的排佛言辞恰好证明了佛教的持续影响力。此外,北宋时期还刊印过几种版本的《大藏经》,第一版是宋太祖钦定刊印的。[2]陈襄估算当时僧尼道士的总人数已超过310700人。[3]如果这个数字是准确的,就意味着那时的僧尼人数可能比845年灭佛前的巅峰时期还要多,那时不过26万人。[4]而且,许多儒士多习佛禅,老了便息影佛门,遵顺其教。比如,范仲淹、张载和程颢年轻的时候都曾研习佛理,欧阳修和王安石晚年尤嗜

---

1 这种观点采用了跟冯友兰《中国哲学史》一样的视角,译见 A History of Chinese Philosophy, trans. Derk Bodde (Princeton: Princeton University Press, 1952); A Source Book in Chinese Philosophy, translated and compiled by Wing-Tsit Chan (Princeton: Princeton University Press, 1963); Kenneth K.S. Ch'en, Buddhism in China: A Historical Survey (Princeton: Princeton University Press, 1964)。

2 Ch'en, Buddhism in China, p. 375称另外还有两种版本在北宋时曾被刊印过。据称第一种版本为宋太祖钦订,雕版13万块,耗时11年才最终完成。

3 参见陈襄:《乞止绝臣僚陈乞创造寺观度僧道状》,《古灵集》第五卷第19页。

4 参见Ch'en, Buddhism in China, pp. 213, 227。

此道。[1] 二程的一句话也反映了当时佛教的盛行:"昨日之会,大率谈禅……此说天下已成风,其何能救……便有数孟子,亦无如之何。"[2]

许多11世纪初的学者都曾谈到佛教的广泛影响,并斥之为异端,危害多多。正如孙复所说:"佛老之徒,横乎中国。"[3]孙复的弟子石介则说:"佛老以妖妄怪诞之教,坏乱之……吾非攻佛老……吾学圣人之道。有攻我圣人之道者,吾不可不反攻彼也。"[4]欧阳修在他的那篇著名的《本论》中写道:"佛法为中国患千余岁。"继而他声称,众人都想排佛,却不知道如何做。他提出的解决之道,就是复兴儒学之"本"——礼和义。[5]陈襄在主张禁止建造佛寺和度人为僧的奏章中说:"臣窃以为,方今释老二氏之法,蠹惑天下。上自王公,下逮民庶,莫不崇信,其法伤风坏教,无甚于兹。"[6]司马光曾对友人解释他讨厌佛教的原因:"光所以不好佛老者……其不得中道。"[7]

这种普遍而深入的反佛精神,还可以从李觏被批评排佛不力时的辩解言论中看出来。他在信札中写道:

---

1. 参见Denis Twitchett, 'The Fan Clan's Charitable Estate, 1050—1760,' in *Confucianism in Action*, ed. David S. Nivison and Arthur F. Wright (Stanford: Stanford University Press, 1959), p. 103; Graham, *Two Chinese Philosophers*, p. 177; Liu, *Ou-yang Hsiu*, p. 170; 另参见《张载集》第381页。这些著述都注意到欧阳修的家人,尤其妻子是奉佛的,而且,据说欧阳修临终前也转而信奉佛教。关于王安石对佛教的兴趣,见Liu, *Reform in Sung China*, pp. 35—37; 又见久须本文雄:《宋代儒学的禅思想研究》,名古屋: 日进堂书店, 1980, 第135页。

2. 《河南程氏遗书》(《国学基本丛书》本)第二十四卷第1—3页。

3. 孙复:《儒辱》,见《宋元学案》第一卷第92页。

4. 石介:《怪说下》,见《徂徕集》第五卷第4页。

5. 欧阳修:《本论上》,见《欧阳修全集》第一卷第125页。

6. 陈襄:《乞止绝臣僚陈乞创造寺观度僧道状》,见《古灵集》第五卷第19页。

7. 司马光:《答韩秉国书》,见《司马文正公传家集》(《国学基本丛书》本)第六十二卷第767页。

觐排浮屠固久,于《潜书》、于《富国策》,人皆见之矣。
岂期年近四十,气志益坚之时而辄渝哉?惟汉杰观厥二记
不甚熟耳。吾于此言,乃责儒者之深,非尊浮屠也。[1]

确实,在《富国策》中,李觏曾经条陈排佛的十利,否则必生十弊。[2]

佛教高僧契嵩(1007—1072年)的抱怨也证明了这种排佛情绪。他说:如果有一种无须惩劝就能使百姓向善的方法,像尧、舜那样的圣人一定会欣然接受。"岂曰:'斯人不因吾道而为善,吾不私其善,必吾道而为善,乃可善之。'"他继而说,佛理纵然是善的,学者仍要排之。"是必以其与己教不同而然也,此岂非庄子所谓'人同于己则可,不同于已,虽善不善'?"[3]

尽管有这些反佛情绪,佛教依然具有相当的影响力。程颐的弟子杨时(1053—1135)评论孙复、石介和欧阳修时说:"士之有志于古者,力排而疾攻之,世常有焉……其智未足以明先王之道。"杨时总结说,他们的努力只不过是"犹以一杯水救一舆薪之火"[4]。此外,佛教思想对11世纪的哲学影响至深。比如,程颢就曾指出,佛教之害,比杨(朱)墨(子)更甚,盖因其教义实在精

---

[1] 李觏:《答黄著作书》,见《直讲李先生集》(《四部丛刊》本,以下简称《李先生集》)第二十八卷第26页。Etienne Balazs, 'A Forerunner of Wang An-shih,' in *Chinese Civilization and Bureaucracy: Variations on a Theme*, trans. H.M. Wright, ed. Arthur F. Wright (New Haven: Yale University Press, 1964), pp. 288—289。

[2] 参见李觏《富国策第五》,《李先生集》第十六卷第10页。

[3] 契嵩:《原教》《劝书第二》,见《镡津文集》(《四部丛刊》本)第一卷第6页。所引庄子注"以是其所非,而非其所是",转引自 *The Complete Works of Chuang Tzu*, translated by Burton Watson (New York: Columbia University Press, 1970), p. 303。

[4] 杨时:《杨龟山先生集》(《丛书集成简编》本,以下简称《龟山集》)第54页。

妙："佛老其言近理，又非杨墨之比，此所以为害尤甚。"[1]其实，这种关于"理"的新释义，使儒理与佛理更近了。[2]比如，叶适 (1150—1223) 就觉察到这一点："程张攻斥老佛至深，然尽用其学而不能知者，以《易·大传》语之，而又自于《易》误解也。"[3]

总而言之，佛教在11世纪时仍是一股强大的力量，影响所及，至于排佛之士。只不过这些人仍然坚持佛理为错误的见解：道是唯一的，已经见之于诸经；不管世界如何的丰富多样，他们认为万事万物都可以用"道"来一以贯之。

一以贯之

有些儒家学者认为，他们可以构建出一种无所不包的哲学，即孔子所谓的"一贯"之"道"，来统诸万有。正如杨时所说的："孔子曰：'……吾道一以贯之。''所谓当其可也。'"[4]一贯统诸万有的信念，可以推导出以下几个结论：一是异端思想如佛教者无容身之地；二是因为道乃唯一，所以每部儒经、诸位先圣所阐述的，必是同一个理；三是每部经籍中阐释不同概念的种种文字，之前是分开讨论的，必须用同一套哲学原理来解释。[5]

1　《宋元学案》第五卷第18页。
2　参见Graham, *Two Chinese Philosophers*, p. 84。
3　《宋元学案》第五卷第39页。
4　《龟山集》第79页。《论语》第十五篇第3章，译见Arthur Waley（阿瑟·韦利），*The Analects of Confucius* (London: George Allen and Unwin, 1938), p. 193。
5　Metzger, *Escape from Predicament*, p. 72，把这种问题描述为对感应的追求："新儒家视感应问题为复杂的难题……不断地用一系列的概念来解决它。因此，宋代理学家与周、汉儒学家的不同之处，不仅在于前者更明确地提出了天人合一的思想，而且还在于他们认为天人合一是一个尚未解决的问题。"

王安石说:"道之不一久矣……于是圣人之大体,分裂而为八九。"[1]又说:"能精其理则圣人也。精其理之道,在乎致其一而已。致其一,则天下之物可以不思而得也。"[2]石介跟他的见解相同,认为道乃唯一:"尧、舜、禹、汤、文王、武王、周公之道,万世常行,不可易之道。"[3]而陈襄则称:"自予来居西山,穷且病吾道无一。"[4]李觏持否定态度的言论也证明了此类观点的流行:"或问:圣人之道,固不容杂也。何吾子之不一也?曰:天地之中,一物邪,抑万物邪?养人者不一物。"[5]显然,李觏并不认同这种流行的一以贯之的观点。

将不同经籍中的概念结合或联系起来的努力,其实是奉行"一贯"之"道"的明证。例如,周敦颐借《易经》中的话来解释"诚"这个《中庸》所谓的最高的美德:"大哉乾元,万物资始,诚之源也。"[6]他还说:"寂然不动者,诚也。"[7]换句话说,周敦颐从《易经》中选取诸如"寂然不动"之语,来阐释此前从未与之关联的《中庸》中的概念。邵雍之子邵伯温(1057—1134)也将不同经籍中的概念相联系:

---

[1] 王安石:《涟水军淳化院经藏记》,见《王文公文集》,上海人民出版社,1974,第三十五卷第422页。

[2] 王安石:《致一论》,见《王临川集》第七卷第46—47页。

[3] 石介:《怪说下》,见《徂徕集》第五卷第4页。

[4] 陈襄:《答周公辟书》,见《古灵集》第十五卷第13页。

[5] 《宋元学案》第二卷第29页。

[6] 参见周敦颐:《周子通书·诚上第一》(《四部备要》本)。引文出自《易经》(所引《易经》,包括《十翼》,都出自《哈佛燕京学社汉学引得》特刊第10号《周易引得》)《乾卦》,译见Richard Wilhelm, The I Ching or Book of Changes, rendered into English by Cary F. Baynes, Bollingen Series XIX (Princeton: Princeton University Press, 1967), p. 370。

[7] 《通书·圣第四》。引自《系辞上》第9段,译见Wilhelm, The I Ching or Book of Changes, p. 315。

> 万物无所不禀，则谓之曰命；万物无所不本，则谓之曰性；万物无所不主，则谓之曰天；万物无所不生，则谓之曰心。其实一也。古之圣人穷理尽性以至于命，尽心知性以知天，存心养性以事天。[1]

在这里，邵伯温把关于天人观的各部经籍和各种不同的概念都贯穿起来了。司马光也信奉"一贯"之"道"："夫中者，天地之所以立也。在《易》为太极，在《书》为皇极，在《礼》为中庸。"[2]对司马光来说，"中"便是贯穿万物的经线。

不过，有时将万有一以贯之是非常困难的。司马光能形成这样的观念，在于他调和了几种不同的人性论：

> 孟子曰：人性之善也……《系辞》曰："一阴一阳之谓道，继之者善也，成之者性也。"是则孔子尝有性善之言矣。《中庸》曰："天命之谓性。"《乐记》曰："人生而静，天之性也。"人之性禀于天，曷尝有不善哉？荀子曰性恶，扬子曰善恶混，韩子曰性有三品，皆非知性者也。[3]

---

1 《宋元学案》第四卷第90页。首引出自《易经·说卦》，次引出自《孟子·尽心上》，译见D.C. Lau, *Mencius* (Harmondsworth: Penguin, 1970), p. 182。

2 司马光：《答范景仁书》，见《司马文正公传家集》第六十二卷第753页。"皇极"英译为"Royal Perfection"，出自Legge, *The Chinese Classics* v.3, *The Shoo King*, p. 332。"中庸"英译为"Centrality and Commonality"，出自Tu Weiming, *Centrality and Commonality: An Essay on Chung-Yung*, Monograph of the Society for Asian and Comparative Philosophy, no. 3 (Hawaii: University Press of Hawaii, 1976)。译者按：英文原著误"在《易》为太极"为"在《易》为皇极"，译时更正之。

3 《宋元学案》第三卷第36页。《系辞上》第4段、《中庸》第一章第1段，译见Legge, *The Chinese Classics* v.1, *The Doctrine of the Mean*, p. 383。《礼记》（《四部备要》本）第十一卷第8页。

从另一方面来看,有些矛盾是无法调和的。如欧阳修在《易童子问》中便说:

《系辞》曰:"河出图,洛出书,圣人则之。"所谓图者,八卦之文也。神马负之,自河而出,以授于伏羲者也。盖八卦者,非人之所为,是天之所降也。

又曰:"包羲氏之王天下也,仰则观象于天,俯则观法于地……于是始作八卦。"然则八卦者是人之所为也,《河图》不与焉。斯二说者已不能相容矣。

而《说卦》又曰"昔者圣人之作《易》也,幽赞于神明而生蓍,参天两地而倚数,观变于阴阳而立卦",则卦又出于蓍矣。[1]

欧阳修的话反映了宋代学者们面临的一个问题:如何调和他们对"一贯"之"道"的信奉与各种经籍中彼此龃龉的表述呢?这个问题引出另一个更加宽泛的问题:他们应该如何对待经籍和儒士的传统?许多人的回答是,各部经书之所以存在龃龉晦涩的问题,是由于后世学者疏释时衍生的错误所致,而这些不应该成为人们借研玩经籍来索其正源的障碍:理解经籍文本的微言大义,便能得悟大道。

---

[1] 欧阳修:《易童子问》,见《欧阳修全集》第三卷第169—170页。引文出自《系辞上》第11段,译见 Wilhelm, *The I Ching or Book of Changes*, p. 320;《系辞下》第2段,转引自Wilhelm, pp. 328—329;又《说卦上》,转引自Wilhelm, p. 262。

常理

欧阳修的另一句话道出了11世纪的儒家学者所面临的问题:"世无孔子久矣,六经之旨失其传,其有不可得而正者,自非孔子复出,无以得其真也。"[1]讹误早已悄然渗入文本之中,自经籍撰成以来,已经过去了一千五百多年——那么,11世纪的儒家学者该如何正讹呢?王安石认为,要避免被讹误淆乱,必须"泛泛披阅"。他引证的典范是汉代学者扬雄(前53—18):

> 彼致其知而后读,以有所去取,故异学不能乱也。惟其不能乱,故能有所去取者,所以明吾道而已。[2]

欧阳修也认为不能全盘接受经籍中的所有内容:"孟子曰:'尽信《书》,不如无《书》。'孟子岂好非六经者?黜其杂乱之说,所以尊经也。"[3]但李觏并不赞成孟子对《尚书》的批评,也不认同他的同时代人以《孟子》为标准,来裁定经籍中的论述是否符合圣人之道:"信《孟子》而不信经,是犹信他人而疑其父母也。"[4]

尽管对《孟子》的看法存在分歧,不过大多数11世纪的儒家学者仍然相信,经籍中的龃龉错讹并不影响他们对文本中"常理"的理解。比如,王安石说自己借着泛泛披阅,多多发问,

---

1　欧阳修:《答宋咸书》,见《欧阳修全集》第二卷第159页。
2　王安石:《答曾子固书》,见《王临川集》第八卷第18页。
3　欧阳修:《易或问三首》,见《欧阳修全集》第一卷第133页。Lau, *Mencius*, p. 194.
4　《宋元学案》第二卷第34页。

"……然后于经为能知其大体而无疑"[1]。这些学者认为，人们应当探寻经籍中的常理，不必费时对文本进行详细的考证。陈襄认为："常患近世之士溺于章句之学，而不知先王礼义之大。"[2] 有人评价胡瑗的同道杨适（生卒年未详）："先生治经不守章句。"[3] 司马光写过两段话，揭示了大多数宋代学者不愿固守章句的事实。有位叫张砥的人，曾经函请司马光襄助其所撰的关于《春秋》的论著，司马光审视学人，说："……士大夫不以经术为事久矣。足下独能治《春秋》三十年，成书三十万言，是古之儒者复见于今日也。"[4] 司马光对于时人治经也有所批评："至有读《易》未识卦爻……已谓毛、郑为章句之学……循守注疏者，谓之腐儒。"[5]

有研究者曾经评论说，宋代儒家学者对孔子和诸经的态度发生了很大的变化。在他看来，宋代以前，以经为本，孔子之所以被尊崇，因为他是传经者。宋代以来，孔子之道及作为道之典范的孔子本人，一变而为本原，诸经则转而被视为传道的工具。诸经仍然很重要，但终究不过是识道的一个最佳途径，而非目的本身。[6] 欧阳修体贴儒经，便可作如是观。他说："学者当

---

[1] 《王临川集》第八卷第18页。
[2] 《宋元学案》第二卷第88页。
[3] 《宋元学案》第三卷第8页。
[4] 司马光：《答张先生砥书》，见《司马文正公传家集》第六十一卷第733页。
[5] 司马光：《论风俗札子》，见《温国文正司马公文集》（《四部丛刊》本）第四十五卷第9—10页。毛氏是整理并传播《诗经》官方标准文本之人，郑玄笺注的《诗经》在唐代时被确立为官方标准。
[6] 参见蔡仁厚：《宋明理学·北宋篇》，台北：台湾学生书局，1977，第13页。

师经，师经必先求其意，意得则心定，心定则道纯。"[1]换句话说，欧阳修认为，人们应当用经籍来指导自己求索道。

王安石的观点与欧阳修的不同。他认为，经籍中的问题太多，所以人们不应当"师经"："世之不见全经久矣，读经而已，则不足以知经。"[2]王氏的解决之道是广泛披阅。然而，很多人则认为应当就经以求本意，而不应受注疏的干扰。孙复便说：

> 专主王弼、韩康伯之说而求于《大易》，吾未见其能尽于《大易》者也。专守《左氏》《公羊》《谷梁》杜预、何休、范宁之说而求于《春秋》，吾未见其能尽于《春秋》者也。[3]

欧阳修评论孙复说："先生治《春秋》，不惑传注，不为曲说以乱经，其言简易。"[4]而叶适评论欧阳修时说："以经为正，而不汩于章读笺诂，此欧阳氏读书法也。"[5]李潜〔治平（1064—1067）年间进士〕也说："读书不要看别人解。看圣人之言易晓，看别人解则愈惑。"[6]

这些人很自信，因此他们对传统的章句之儒特别鄙视。他们认为，人不应该自拘于章句研习，精通经籍本身并不是目的，它只不过是明道的一个途径罢了。他们很少关注龃龉晦涩的词

1　欧阳修：《答祖择之书》，见《欧阳修全集》第三卷第96页。
2　《王临川集》第八卷第17页。
3　《宋元学案》第一卷第92页。这段文字中提到的经文注疏是唐代官方认定的标准注疏。
4　欧阳修：《孙明复先生墓志铭》，见《欧阳修全集》第二卷第28页。这里的翻译不同于Liu, *Ou-yang Hsiu*, p. 89。
5　《宋元学案》第二卷第66页。
6　《宋元学案》第七卷第21页。

句,而注重理解经籍中的"常理",即"道"本身。正如欧阳修所说:"圣人之书如日月,卓乎其可求。"[1]

这种对待经籍的自信态度,使11世纪的一些学者主张,经籍的文本中蕴藏着可以用来解释天地万象的宇宙观,而繁复佛理的存在,更加刺激了他们的这种热望:去经籍中挖掘宇宙观。

宇宙观

许多11世纪的儒家学者将《周易》——特别是《系辞》——中的某些词语作为他们关于天地思想的基础。二程的弟子杨时曾解释《周易》是如何被用作"儒家宇宙观"渊源的:"知天德,则死生之说,鬼神之情状,当自见矣。是道也,圣人详言于《易》,不必徇邪说而外求也。"[2]张、程学派之外,用《周易》来阐释宇宙观,最明显的支持者当属邵雍和周敦颐。[3]邵雍的著作演绎象数,全部出自《周易》,而且在他的著作中,有很多这样的言辞:"太极既分,两仪立矣。阳下交于阴,阴上交于阳,四象生矣……八卦相错,然后万物生焉。"[4]这段文字源自《系辞》:"《易》有太极,是生两仪,两仪生四象,四象生八卦。"[5]周敦颐著名的《太极图说》,是"后11世纪"思想界最具影响力的经典之一,也是基于《系辞》中的同一段文字而作。在他的著作中有

---

[1] 欧阳修:《答孙正之侔第一书》,见《欧阳修全集》第三卷第93页。
[2] 《龟山集》第54页。参见《系辞上》第3段、第4段。
[3] 参见Hellmut Wilhelm, *Eight Lectures on the I Ching*, trans. Cary F. Baynes, Bolling en Series Lxn (Princeton: Princeton University Press, 1960), pp. 88—90。
[4] 邵雍:《观物外篇》,见《中国哲学史》第四卷第一章第49页。
[5] 《系辞上》第11段,译见Wilhelm, *The I Ching or Book of Changes*, p. 318。

很多如下论说:"《易》何止五经之源,其天地鬼神之奥乎!"¹司马光同样依据《周易》来构建其宇宙观。他著有一部叫《潜虚》的书,其中包含了大量根据《周易》的卦象而画成的图案。²

不过,在11世纪,并不是每一位学者都认同用《周易》来构建宇宙观的方式。有的学者对其同时代的学者进行这样的构建持强烈的批评态度,例如,李觏就说:"有曰:我通其意,则释老之学未为荒也。昼读夜思,疲心于无用之说,其以惑也,不亦宜乎?"³欧阳修则是最先质疑《系辞》作者的学者之一,他对这种用《周易》来构建宇宙观的方式也持批评态度:

"河出图,洛出书","昔者圣人之作《易》也,幽赞于神明而生蓍","两仪生四象"。若此者,非圣人之言。凡学之不通者,惑此者也。知此,然后知易矣。⁴

尽管有这些批评,许多11世纪的学者却相信他们可以借《周易》来解释宇宙。有了这样的自信,他们认为,对于天地,对于"道"的正确理解,可以使一个人实现理想人格,即成为圣人。所以,对这些人来说,成圣是一个真实的、可以实现的目标。

---

1 《周子通书·精蕴第三十》。
2 参见《宋元学案》第三卷第42页。
3 李觏:《易论第一》,《李先生集》第三卷第1页。
4 欧阳修:《易或问三首》,见《欧阳修全集》第一卷第133页。第1句及第3句引文出自《系辞上》第11段,译见Wilhelm, The I Ching or Book of Changes, p. 320。第2句引文出自《说卦上》,译见Wilhelm, p. 262。参见Liu, Ou-yang Hsiu, pp. 93—94。

圣人

古代的圣人——人性至善的典范——一直是中国思想家最感兴趣的话题。11世纪的学者也不例外：他们详细讨论了圣人，并且认为，谁是历史上的圣人，其实没有确切指出的必要，因为这是众所周知的事。石介曾说：始自伏羲，终于孔子，共有圣人十四。但在另一处，他又说从伏羲到孔子，仅得圣人十一。[1] 这种差异似乎被忽略了。因此，对11世纪的学者来说，究竟哪些人是圣人并不重要。

有些人似乎认为，每件事都是圣人做成的，文化与政体，都赖圣人得以创制——这也是"道"在方方面面的体现。沈括在给欧阳修的书札中对这一观点提出了批评，正好证明这种态度确实存在：

> ……古者至治之时，法度文章大备极盛，后世无不取法。至于技巧器械，大小尺寸，黑黄苍赤，岂能尽出于圣人？百工群有司，市井田野之人，莫不预焉。[2]

事实上，沈括也许是针对欧阳修下面的言论进行辩驳的："传曰……百工之事，皆圣人之作也。"[3][4] 石介也持同样的见解，他写道："道始于伏羲，而成终于孔子，道已成终矣，不生圣人

1　参见石介：《尊韩》和《复古制》，《徂徕集》第七卷第6页及第六卷第3—4页。
2　沈括：《上欧阳参政书》，见《沈氏三先生文集》第四卷53页。
3　这句话或许引自《系辞下》第2段。
4　欧阳修：《易或问三首》，见《欧阳修全集》第一卷第134页。

可也。故自孔子来，二千余年矣，不生圣人。"[1]这种圣人创制文化的说法并不新鲜。[2]《系辞》描述了圣人是如何从卦象中获得灵感，创造出诸如捕鱼的网、耕地的犁、交易货物的市场等万物的。某些11世纪的学者直接用《周易》中文字来解释万物的生成，而且，他们还在这个主题上增加了一个新的层面，即个体对圣人的追求。

他们认为，圣人并不仅仅存在于远古时期，他们自己就有可能成圣。正如周敦颐所说："……是圣贤非性生，必养心而至之。"[3]对于这些自信的士人来说，圣人是人人皆可企及的目标。

但是，这些11世纪的学者对于圣人的态度又存在分歧。当时大多数学者都达成了一个共识，即凡圣之间，天性无别，他们相信人的本性既善且美，而圣人之所以超凡脱俗，是由于他们的美德超群，因此历史上达到圣人境界的人很少。几位现代学者讨论过这种困境。杜维明在他研究《中庸》的著作中明确表示这种背反张力是存在的："……渊博之士：(1) 把自己的人性与别人的人性同等看待，都是非常简单的事情，而且 (2) 达到圣人的境界……其实是可能的。"[4]司马光也曾有过这样的言论，揭示出在11世纪的时候，学者对这种两难困境已经有了认

---

1 石介：《尊韩》，见《徂徕集》第七卷第6页。

2 关于这种思想在早期经籍中的例子，参见Kung-chuan Hsiao（萧公权），*A History of Chinese Political Thought*, trans. F.W. Mote (Princeton: Princeton University Press, 1979), v.1, pp. 335—336, 537—538, 562。

3 《宋元学案》第四卷第129页。

4 Tu Weiming, *Centrality and Commonality*, pp. 31—32, Metzger, *Escape from Predicament*, p. 49, 认为该问题是"新儒家的困境——一种"……信念，即个体能且应当汇集神圣的道德力量于己身……再加上害怕意识到自己做不到"。

识:"人之情,莫不好善而恶恶,慕是而羞非,然善且是者盖寡,恶且非者实多。"[1]

因此,一方面他们在自己的著作中断言圣人是可以企及的。比如,胡瑗曾说:"孔子固学于人而后为孔子。"[2]周敦颐说:"圣可学乎?曰:可。"[3]司马光也说:"圣人亦人耳,非生而圣也。"[4]欧阳修则说:"圣人,人也。"[5]都是一个意思。但另一方面,圣人又被看成是超脱凡俗之人。欧阳修说:"圣人处乎人上而下观于民,各因其方、顺其俗而教之。"[6]言辞堪称高妙。周敦颐则说:"……圣人在上,以仁育万物,以义正万民。天道行而万物顺,圣德修而万民化。"又说:"无思而无不通为圣人。"[7]邵雍也说:"是知人也者,物之至者也;圣也者,人之至者也。人之至者,谓其能以一心观万物,一身观万身。"[8]而陈襄则说:

> 圣人之于天下也,仁以爱之,义以利之,礼以明之,信以成之,乐以和之,政以正之,刑以平之。[9]

王安石在他的《老子注》中论圣人无私时提到:"圣人无心,

---

[1] 司马光:《致知在格物论》,见《司马文正公传家集》第六十五卷第808页。
[2] 《宋元学案》第一卷第27页。孔子类似的论述可以作为参考,见《论语》第七篇第20章。
[3] 周敦颐:《周子通书·圣学第二十》。
[4] 司马光:《答韩秉国书》,见《司马文正公传家集》第六十二卷第768—769页。
[5] 《宋元学案》第二卷第51页。邵雍类似的论述可以作为参考,见《宋元学案》第三卷第105页。
[6] 《宋元学案》第二卷第51页。
[7] 《周子通书》之《顺化第十一》及《思第九》。
[8] 《宋元学案》第三卷第105页。
[9] 陈襄:《易讲义》,见《古灵集》第十一卷第5页。

故无思无为。虽然，无思也未尝不思，无为也未尝不为。"[1]王安石的意思，似乎是说圣人并不是没有思想、没有行动的人，而是无功利或私欲的人。这与程颢认为圣人是至正者，随事应运以适其度的说法相似："圣人之乐也，依其所临之物性而乐也；圣人之怒也，以其所临之物性而怒也。故圣人之乐与怒也，以物之故也，非己之情也。"[2]王开祖则借用明镜来比喻这种完全客观的状态："君子之德，莫不原于诚。诚，则物之来也如鉴。"[3]

因此，11世纪的士人对往圣存有传统意义上的兴趣，并且为这种兴趣增添了一个新的维度：一种自以为或可成圣的自信心。他们认为成圣最好的师法楷模，就是孔子的弟子颜回。

颜子

许多11世纪的思想家都对孔子最喜爱的弟子颜回很感兴趣，把他视为由凡就圣的师表。因为颜回的一生，就是在努力脱凡就圣，只因早卒，未获大成。程颢称："仲尼无迹，颜子微有迹，孟子其迹著。"[4]换句话说，作为师法的楷模，颜子是可以企及的，因为他超凡就圣的迹象是可见的，是"有迹"的。而他之所以可以成为最好的师表，是因为与孟子相比，他"迹之显矣"，更接近圣人。所以，颜子是可以被用来证明就圣的各个方面的。

---

1 王安石：《老子注》，见《中国哲学史》第四卷第一章第154页。

2 *Reflections on Things at Hand*, translated, with notes, by Wing-Tsit Chan, Records of Civilization: Sources and Studies no. LXXV (New York: Columbia University Press, 1967), p. 41.

3 《宋元学案》第三卷第6页。

4 Chan, *Reflections on Things at Hand*, p. 291. 译者按：原话见《河南程氏遗书》第五卷。

他持之以恒地学习，以孔子为榜样：他是持之以恒和意志坚定的典范。然而，他没能达到目标，这也说明成圣乃至难之事（人们可以详细讨论颜子的不足之处）。如果天假之年，颜子是可以成圣的：因为圣人的境界是可以达到的。

11世纪时的著作常常提到颜子。欧阳修编纂自己的文集，就是用一首题名为《颜跖》的诗开篇的。诗中，欧阳修把颜回描述为秉性纯良之士，可惜英年早逝；盗跖秉性丑恶，却得以长寿。但是，颜子"死也至今在，光辉如日星"。[1]李复说："若颜子，'其殆庶几乎。有不善未尝不知，知之未尝复行也'。其于言动，孔子惟告之以'克己复礼'而足矣。"[2]周敦颐也把颜子作为楷模："志伊尹之所志，学颜子之所学。过则圣，及则贤，不及则亦不失于令名。"又说："圣人之蕴，教万世无穷者，颜子也。"[3]

为人师表者常将颜子树为弟子们效法的楷模。比如，有人谈到胡瑗："先生在太学，尝以《颜子所好何学论》试诸生。"[4]程颢也说："昔受学于周茂叔，每令寻颜子、仲尼乐处，所乐何事。"[5]

除了被泛泛论及之外，颜子还被用作说明某些更加具体的观点。例如，王安石将颜子视为学习的典范：

---

1 欧阳修：《颜跖》，见《欧阳修全集》第一卷第1页。

2 李复：《杨氏言动家训序》，见《潏水集》第七卷第12—13页。引文出自《系辞下》第4段及《论语》第十二篇第1章。

3 周敦颐：《周子通书》之《志学第十》和《圣蕴第二十九》。伊尹为上古贤臣，无论治乱皆能理之。见《论语》第十二篇第22章及《孟子·公孙丑上》。

4 《宋元学案》第一卷第26页。

5 Chan, *Reflections on Things at Hand*, p. 50.

> 夫颜子之所学者，非世人之所学。'不迁怒'者，求诸己；'不贰过'者，见不善之端而止之也……是故君子之学，始如愚人焉，如童蒙焉，及其至也，天地不足大……诸子之支离不足惑也。[1]

还有人以颜子为例，说明成圣之艰难与体"道"之不易。陈襄认为，一般人修行，因多为外物所役，所以难以持久。而"孔子之门人，自颜回而下，日亲炙于圣人之教，犹且日月至焉而已，况其下者乎。故曰：民鲜能久矣"[2]。同样地，王安石说："且以颜子之贤，而未足以及之，则岂非道之至乎？"[3]

按照《论语》的记载，颜子是一个安于贫困的人。所以，他又被司马光赞誉为保持操守的典范："贫而无怨难，颜子在陋巷，饮一瓢，食一箪，能固其守，不戚而安，此德之所以完。"[4]

正因如此，颜子被看成是自我修行过程中的完美典范。与"无迹可寻"的圣人相比，颜子是可以被效仿的，而他又比任何人都更接近圣人。这一点已经在各种著述中被论述得很充分、很详细了，但对于他的行为应该做何解，就相对有限一些。

以上就是11世纪的学者们提出的一些假设，这些假设反过来又引出一些问题。最根本的问题是：贯穿万物的"道"究竟是

---

[1] 王安石：《礼乐论》，见《王临川集》第七卷第44页。引文出自《论语》第六篇第3章，译见D.C. Lau, The Analects (Lun yü) (Harmondsworth: Penguin, 1979), p. 81. 所论"愚人"，参见《论语》第二篇第9章。

[2] 陈襄：《中庸》（译者按：指陈襄所著《礼记讲义·中庸》），见《古灵集》第十二卷第8页。

[3] 王安石：《致一论》，见《王临川集》第七卷第46页，是对《系辞下》第3段的阐述。

[4] 司马光：《颜乐亭颂》，见《司马文正公传家集》第六十六卷第824页。《论语》第六篇第11章。

什么？这个问题为11世纪学者们的论辩埋下了伏笔，这些论辩又把问题引向更为专门的语境。比如，这些思想家问道："人性是由什么构成的？"或是："心是什么，如何才能养心成圣？"

问题

人性

从孟子开始，对于人性问题——或以为本善，或以为本恶，或以为两者兼而有之——学者们一直争论不休。对于这个问题，司马光谈到过几种观点。[1]在11世纪，甚至在那以前，人性问题已经成为一个核心问题，几乎所有的硕学鸿儒都讨论过它。[2]

自信的学者认为人自可以成圣，赞同孟子人性本善的观点，但是他们又无法否认世间诸恶的存在，以及很少有人能成圣的事实。因此，他们对人性问题非常感兴趣。苏轼和欧阳修的抱怨恰好说明关于这个问题的讨论在当时有多盛行。苏轼说："夫性命之说，自子贡不得闻。而今之学者，耻不言性命，此可信也哉！"[3]苏轼的观点是人不可能真正弄懂人性："古之君子，患性之难见也，故以可见者言性……故人莫之明也。"[4]同样地，欧阳

---

[1] 参见Graham, *Two Chinese Philosophers*, p.45, 关于中国哲学中人性问题的讨论部分。

[2] 参见夏君虞：《宋学概要》，第210页。

[3] 苏轼：《议学校贡举状》，见《东坡事略》第二十九卷第4页。参见《宋学概要》，第214页。所指为《论语》第五篇第13章。

[4] 引自《宋学概要》第213—214页，参见《苏氏易传》，台北：广文书局，1974，第455页有关苏轼对《孟子》人性论的批评。苏轼认为，孟子把人性之效用与人性之自然颠倒了。

修说:"修患世之学者多言性,故常为说曰:夫性非学者之所急,而圣人之所罕言也。"¹但欧阳修与苏轼的不同之处,在于他没有说人不可能弄懂人性,而是称这根本不是什么重要的问题:无论人性是善是恶,学者都当自砺。²

陈襄不同意欧阳修说的圣人很少谈论人性的观点。他认为孔子就曾论及人性,只不过所谈微妙,很难让人理解:

> 中庸者,治性之书……孔子没,性命之书无传。虽其说间见于六经,然词约义微,学者难晓。故子思传其学于曾子,其间多引孔子之言,则是书祖述圣人理性之学最为详备。³

陈襄认为孟子的观点是对的:"人性莫不善,故君子小人皆有中庸之性。孟子谓恻隐、羞恶、恭敬、是非之心,人皆有之是也。"⁴

王安石的见解又有所不同。他撰写了几篇关于人性的文章,其中一篇用了韩愈文章的题目,也叫《原性》。在这篇文章中,王安石驳斥了孟子、荀子、扬雄、韩愈等人的人性善恶之辨。他认为,善恶唯在所感,都不是性,所以孔子才罕言之。他说:"吾所安者孔子之言而已……且诸子之所言,皆吾所谓情也,习也,

---

1 欧阳修:《答李诩第二书》,见《欧阳修全集》第二卷第154页。参见Liu, *Ou-yang Hsiu*, p. 96。
2 同上。
3 陈襄:《礼记讲义·中庸》,见《古灵集》第十二卷第1页。子思是孔子的孙子,历来被看成是《中庸》的作者。
4 陈襄:《礼记讲义·中庸》,见《古灵集》第十二卷第7页。《孟子·公孙丑上》,译见Lau, *Mencius*, p. 82—83。

非性也……故曰：有情然后善恶形焉。"[1] 徐积（1028—1103）撰《荀子辩》以驳斥荀子性恶之说。在他的一个更能说明问题的观点中，徐积写道：

> 天下之性恶而已，尧、舜、盗、跖，亦恶而已。是自生民以来，未尝有一人性善也。未尝有一人性善，其礼义曷从而有哉？其所谓圣人者，曷从而为圣人哉？[2]

在前面引用的相关论述中，司马光也持性善之说。但在另一篇文章中，他又驳斥了孟子和荀子的人性论：

> ……是皆得其一偏，而遗其大体也。夫性者，人之所受于天以生者也。善与恶必兼有之，是故虽圣人不能无恶，虽愚人不能无善，其所受多少之间则殊矣。[3]

所以，11世纪的思想家们致力于解决几个与人性相关的问题：《论语》中的孔子为什么不谈人性？如果说人性本善，那么恶从哪里来？如果说人性是善恶相兼，那么善恶二字是否足以概括人性？不过，无论这些人持何种见解，他们都相信人人皆有成圣的潜质。这个信念（又）引出了另一个问题：人性究竟是什

1　王安石：《原性》，见《王临川集》第七卷第64—65页。
2　《宋元学案》第一卷第35—36页。
3　司马光：《性辩》，见《司马文正公传家集》第六十六卷第821页。

么，人如何养心成圣？

心

在11世纪，"心"是一个颇具兴味的话题。虽然孟子曾谈到尽心知天[1]，可是直到11世纪，"心"才成为儒家学者们关注的一个重要话题[2]。13世纪时，魏了翁(1178—1237)说："吾儒只说正心、养心，不说明心。"[3]魏了翁的话只是一种总括性的说法，而非对当时思想背景的准确描述，因为当时许多儒家学者实际上讨论的是心即理，理即心，所以无须正心或者养心。但魏了翁的话简洁地表明了当时关于"心"的两种立场之间的差别，这成为11世纪之后哲学思想中的主要争论点之一。有学者称这两种立场为"理学"和"心学"。[4]理学的立场——应当正心并且养心——意味着应当问学，并且自砺以养其心。心学的立场——应当明心——则意味着心已经自具常理，只需去除翳障，即可获理于心。这两种立场都肇始于11世纪。

程颢对"明心"的立场做了最为明晰的表述："穷理则尽性，尽性则知天命矣。"[5]他还谈到先圣与后圣：

---

1 《孟子·尽心上》。译者按：原文为："孟子曰：尽其心者，知其性也，知其性则知天矣。"。

2 参见诸如William Theodore deBary, 'Neo-Confucian Cultivation and the Seventeenth-Century "Enlightenment,"' in deBary ed., *The Unfolding of Neo-Confucianism*, Studies in Oriental Culture No. 10 (New York: Columbia University Press, 1975), p. 152。Metzger, *Escape from Predicament*, p. 76, 论述这种变化如下："……自周至汉的儒家，在'王'及'制度'（政府制度）作为移易社会的力量这一问题上的观点大致是一致的，而新儒家则渐趋认同'吾心'（心灵之自我）为这种力量的源泉。"

3 引自《宋学概要》第417页。

4 例如Chan, *A Source Book in Chinese Philosophy*, p. 518；冯友兰：《中国哲学史》，第二卷第500页。

5 《宋元学案》第五卷第16页，《孟子·尽心上》。

> 非传圣人之道，传其心也；非传圣人之心，传己之心也。己之心，无异圣人之心，万善皆备。故欲传尧、舜以来之道，扩充是心焉耳！[1]

我们可以在11世纪其他学者的著述中看到与"心本湛然"类似的见解。[2]例如，沈括说："人之心本神。"[3]他还说："耳目能受而不能择，择之者，心也。故物交物，则引之而已。心则不然，是则受，非则辞。此其所以为大也。从耳目口体而役其心者，小人之道也。"[4]王开祖则说："中夜息于幽室之中，吾心之清明者还矣。孝弟忠信生乎此时。"[5]

还有一些人也认同这样的观点：应当致力于"明"或者"复"心，得其固有于内。例如，司马光称：

> 或问：子能无心乎？迂叟曰：不能，若夫回心，则庶几矣。何谓回心？曰：去恶而从善，舍非而从是，人或知之，而不能徙，以为如制悍马……静而思之，在我而已。如转户枢，何难之有？[6]

---

1 《宋元学案》第五卷第23页。译者按：此处英文以"圣人之道"替换"尧、舜以来之道"，小有误。
2 参见下文第108至117页关于"神"的讨论。
3 沈括著，胡道静校注：《新校正梦溪笔谈》，北京：中华书局，1962，第145页。
4 沈括：《孟子解》，见《长兴集》第三十二章。《孟子·告子上》。
5 《宋元学案》第三卷第6页。
6 《宋元学案》第三卷第29页。

李复则说:"予尝思人之心,虚一而静¹者也。微妙独立,不与物俱。或失其本心,则物必引之矣。"² 司马光曾引用《荀子》中的文字来答复韩秉国:"人何以知道?曰:心。心何以知?曰:虚一而静。"³

另一些人则别作解释——即站在理学的立场上说话——倡导积极养心或导向心源。例如,邵雍就提出:

无口过易,无身过难;无身过易,无心过难。既无心过,何难之有……是知圣人所以能立无过之地者,谓其善事于心者也。⁴

虽然养心与明心的差别已经在11世纪出现,但儒家学者们并没有就这个问题展开论战。所以,司马光、陈襄讨论如何"治心"时还可以各说各的。司马光道:"学者所以求,治心也。学虽多,而心不治,安以学为?"⁵ 他倡导的是治心之道,在得乎"中":"《中庸》所谓中者,动静云为,无过与不及也,二者虽皆为治心之术,其事则殊矣。"⁶ 陈襄则称治心之道在问学:"好学

---

1 《荀子·解蔽篇》(《四部备要》本),第十五卷第4—5页。
2 李复:《七祖院吴生画记》,见《潏水集》第六卷第4—5页。
3 司马光:《答韩秉国书》,见《司马文正公传家集》第六十二卷第766页。《荀子》第十五卷第4页。
4 《宋元学案》第三卷第107页。
5 《宋元学案》第三卷第29页。
6 司马光《答秉国第二书》,见《司马文正公传家集》第六十二卷第768页。参见《论语》第十一篇第16章。

以尽心，诚心以尽物。"[1]

如何通过治学来治心，李潜和欧阳修将这个问题讲得尤其详明。李潜说："学圣人者，但自用意经书。中心既有所主，则散看诸书，方圆轻重，皆为规矩权衡所正。"[2]欧阳修则说："学者当师经，师经必先求其意，意得则心定，心定则道纯。"[3]

最后，我们应该注意的是，治心并不仅仅是为了求一己之本性。比如，周敦颐就说："治天下，有本身之谓也……本必端。端本，诚心而已矣。"[4]

总而言之，11世纪之后有关内修心性与外法天理之辩，都可以从11世纪思想家们的那些论辩中找到根源。这些人之所以如此关注心性，是因为这是他们自砺和成圣的焦点。

张载与二程的哲学在上述各种假设方面是共通的，对于这些假设所导致的问题，张载与二程也曾尝试着给出答案。这两

---

[1] 引文见《宋学概要》第343页。
[2] 《宋元学案》第七卷第21页。
[3] 欧阳修:《答祖择之书》，见《欧阳修全集》第三卷第96页。
[4] 《宋元学案》第四卷第105页。

大学派实际上开启了"道学"运动之端,而这一思想运动在12世纪后一直主宰着中国哲学。

"道学",即研究"道"的学问,在11世纪时是具有积极内涵的[1],到了12世纪,这个词语首次被反道学的人所批判,他们憎恨道学的追随者"宣称独得至理"[2]。到了13世纪,朱熹的思想被定为国家正统观念,"道学"再次具有了积极的内涵。朱熹受程颐思想的影响最大,所以,这个学派的思想又常常被称为程朱理学。自那之后的数个世纪里,程朱理学一直是哲学争辩的因由与话题。因此,张载的哲学除了被程朱学派采纳或接受的之外,其他思想并未受到充分重视。在接下来的章节中,我将试着分析张载的思想,并且揭示他所构建的哲学体系,以及他就上述问题所给出的答案。

---

[1] 张载《《张载集》第349页)、吕大临(《张载集》第382页),王开祖(《宋元学案》第三卷第6页)与杨时(《龟山集》第79页)都持这种态度。

[2] Conrad Schirokauer(谢康伦), 'Neo-Confucians Under Attack: The Condemnation of Wei-hsüeh,' in *Crisis and Prosperity in Sung China*, ed. John Winthrop Haeger (Tucson: University of Arizona Press, 1975), p. 171., 亦见James T.C Liu, 'How did a Neo-Confucian school become the state orthodoxy?' in *Philosophy Ease and West*, 23 (1973), p. 491。

第二章

天地

Heaven-and-earth

绪论

在这一章中,我将讨论张载的天地[1]观,气、阴阳、天、神这四个概念可以说是它的基础。在其天地观中,张载就许多11世纪的学者们所关心的两大话题——如何排佛、如何"一以贯之"——阐述了自己的观点。与同时代的人一样,张载借《周易》来构建自己的天地观。具体来说,张载以《系辞》[2]中的某些段落作为依据,以他个人对卦象的感悟为基础,认为各种卦象不仅是存象,实际上是牢笼寰宇的力量的化身,而《系辞》对此都已经做了说明。

如前所述,程颢认为佛教"近理",张载也持类似的见解:

(佛)语……虽似是。[3]

换句话说,佛理是有劝诱之力的,且这股力量是如此之大,以至于盛传张载曾费时多年去研习它[4]。只不过在确定佛教教义

---

[1] "天地"一词,我用来指代物理宇宙。正如W.J. Peterson(裴德生)所说,这个词"……与犹太—基督教传统中所谓的'万物'或'自然'有相似之处,但含义不同"。W.J. Peterson, 'Making Connections: "Commentary on the Attached Verbalizations" of *the Book of Change*,' in *Harvard Journal of Asiatic Studies* 42, No. 1 (1982), p. 84. 参见西顺藏:《张横渠的思想——论中国人的天地观》,《一桥论丛》,1952年第28期,第213—214页对张载思想中关于"天地"的论述。

[2] 裴德生将《系辞》翻译为对《易经》附加文字的评论,并认为《系辞》"在大约两千年里,一直是中国传统中关于宇宙如何运行、人类如何与这种运行相关联的最重要的表述之一"。参见Peterson, 'Making Connections,' p. 67.

[3] 《张载集》,第183页。《张载集》是最完整、最方便的张载作品版本。不过,我们在使用时仍需谨慎,因为该书的编辑们校勘时过于随意。除特别注明外,张载著作的引文均出自此版本,引文后注明页码。

[4] 吕大临:《横渠先生行状》,见《张载集》,第381页。

实为谬误之后,张载才放弃了佛教。接着前面的那段话,张载继续说道:

> 故语虽似是,观其发本要归,与吾儒二本殊归。道一而已,此是则彼非,彼是则我非。(第183页)

这段话揭示了张载天地观中的两大核心主题:他是排佛的;他是信奉"一贯"之"道"的。关于这两大主题,张载的弟子范育(生卒年不详)在1089年为张载的《正蒙》撰写序言时已经做了明确的阐述:

> ……而其徒侈其说,以为大道精微之理,儒家之所不能谈,必取吾书为正。世之儒者亦自许曰:"吾之《六经》未尝语也,孔孟未尝及也。"
>
> ……故为此言与浮屠老子辩,夫岂好异乎哉?[1]盖不得已也……使二氏者真得至道之要,不二之理,则吾何为纷纷然与之辩哉?其为辩者,正欲排邪说,归至理,使万世不惑而已。
>
> 故予曰《正蒙》之言不得已而云也。呜呼!道一而已……天之所以运,地之所以载,日月之所以明,鬼神之所以幽,风云之所以变,江河之所以流……本末上下,贯乎一道。(第4—6页)

1　暗指《孟子·滕文公下》。

范育的序言提及张载试图提出一系列阐释天地的原则，也谈及张载对佛道立场的摒弃。

张载"一以贯之"的一种表现是他的理性主义。出于这种理性，张载认为万物运化都源于同一种自然之理，并没有什么人格化的天引导整个过程，也没有神鬼襄助。当一个人懂得了天地运化之理，他就会明白这些理适应于万物，并不存在什么玄怪之象。张载在给范育的书信中是这样解释的：

> 所访物怪神奸，此非难说……孟子所论知性知天[1]，学至于知天，则物所从出，当源源自见，知所从出，则物之当有当无，莫不心喻。（第349页）

不存在玄怪之象。某些事物之所以存在，是因为有那个理在，这些理与统御其他事物的理其实是没有差别的。只要懂得这一点，你就会明白诸如鬼神之类不过是故事而已。因此，懂得天地运化之理才是最重要的。

气

虽然用法各异，但"气"[2]始终是张载思想中最基本的概念。一位学者把"气"视为张载对"中国哲学最具创造性的贡

1　见《孟子·尽心上》。

2　这个词也可以另译为"以太"（冯友兰）、"质天"（墨子刻/Metzger）、"天力"（黄秀玑/S.C. Huang）、"构能"（满晰博/Manfred Porkert）、"物质力"（陈荣捷）、"空气"、"元气"、"物能"（李约瑟/Needham）、"情性"（理雅各/Legge）。我倾向于在这里不做翻译，而是在下面的讨论中试着解释它的意思。

献"[1]。由于"气"在张载的哲学体系中占据着重要位置,张载也被认为是唯物论者、一元论者或唯物一元论者。[2] 之所以会被贴上这样的标签,是源于这一事实:张载的思想是以"气"为基础的。

"气"在汉语文献中频繁出现[3],虽然在不同的文本环境下用法不同,却并不存在疑义,因此我在这里就不做解释或下定义了。"气"最初的意思是呼吸,例如,《论语》中有孔子"升堂,鞠躬如也。屏气,似不息者"[4]。通俗地说,"气"指的是气态的物质。在一些古代文献中,"气"被用来描述一种原始的混沌状态,天地就孕育在其中。[5] "气"还被用来指化育生命的物质和充盈于体内的物质。[6] 孟子曾经说他有"浩然之气",可以养之以配于"义"和"道"。[7] 张载在自己的哲学中运用了所有这些"气"的含义。虽然我们能在张载之前的著作中看到"气"这一概念的一

---

[1] Huang Siu-chi, 'Chang Tsai's concept of Ch'i,' in *Philosophy East and West*, 18 (1968), p. 247.

[2] 参见张岱年:《张载集》"介绍"第1页;Ian McMorran, 'Wang Fu-chih and the Neo-Confucian Tradition,' in *The Unfolding of Neo-Confucianism*, p. 431; S.C. Huang, 'Chang Tsai's concept of Ch'i,' p. 258。

[3] 关于"气"的讨论史,见Mitukuni Yosida, 'The Chinese Concept of Nature,' in *Chinese Science: Exploration of an Ancient Tradition*, eds. Shigeru Nakayama and Nathan Sivin, M.I.T. East Asian Science Series v. II (Cambridge: MIT Press, 1973), pp. 76—89; David Pollard, 'Ch'i in Chinese Literary Theory,' in *Chinese Approaches to Literature from Confucius to Liang Ch'i-ch'ao*, ed. Adele Austin Rickett (Princeton: Princeton University Press, 1977), pp. 43—66, 及其所引参考文献;小野泽精一、福永光司、山井涌编:《气的思想:中国自然观与人的观念的发展》,东京:东京大学出版社,1978。

[4] 《论语》第十篇第3章,译见Legge, *The Chinese Classics* v.1, *Confucian Analects*, p. 229。

[5] 例如,《淮南子》第35页《天文训》,台北:新兴书局,1962;《列子》第一卷第2页,《国学基本丛书》本。

[6] 见《庄子·知北游》;《管子》(《四部备要》本)第十三章第6页《心术下》。

[7] 见《孟子·公孙丑上》。

些运用,但像张载那样使用"气"还前所未有。[1]他对"气"的使用被朱熹所采纳,因而成为理学思想的一部分,而且对王廷相和王夫之等思想家影响很大。

张载的《正蒙》,开篇即述原始混沌未分之"气"居于万物之先。那种状态,即他所谓的"太和"[2],其实是一元且是"形而上"[3]的。《正蒙》首句便言:

> 太和所谓道。(第7页)

由于"太和"自具阴阳,二仪运化,便生出寰宇万物,化成世间万象。他继续写道:

> 中涵浮沉升降、动静相感之性,是生絪缊相荡、胜负屈伸之始。(第7页)

正如许多学者所谈到的那样,这里并没有外力或造物主参与,完全是"太和自生"。

---

[1] 李约瑟讲得不对,他说张载对"气"的论述使用了"和一千年前的王充……相同的技术性的术语……没有太多思想上的进步"。他对《西铭》的引用也有误,应该是《正蒙》。见Joseph Needham, *Science and Civilisation in China* (Cambridge: Cambridge University Press, 1954—), II, p. 471.

[2] "太和"出自《周易·乾卦》,所谓"保合太和"。Wilhelm, *The I Ching or Book of Changes*, p. 317这样解释"太和":"……与大和谐永久保持一致。"

[3] "形而上"与"形而下"的差别,源自《系辞上》第12段:"是故形而上者谓之道,形而下者谓之器。"(参见Graham, *Two Chinese Philosophers*, p. 34)张载如此解释:"形而上者,是无形体者……形而下者是有形体者……有形迹者即器也。"(《张载集》,第207页)参见Chan, *A Source Book in Chinese Philosophy*, pp. 786—787。

在开篇之后,张载用"太虚"一词代替"太和",随即对太虚的状态及其与物质世界的关系做了更为详细的阐述。在张载的哲学中,"太虚"是一个至关重要的概念。它本来是无形的,其"形而上"的状态和"太和"一样。但与强调两仪和谐共存的"太和"相反的是,"太虚"一词主要强调其性状是不可见的。张载巧借此词与佛道的"空"和"无"划清了界线。张载称"太虚"生于"气",即原始混沌之"气",这个居于万物之先者:

太虚无形,气之本体,其聚其散,变化之客形尔。(第7页)

太虚不能无气,气不能不聚而为万物,万物不能不散而为太虚。循是出入,是皆不得已而然也。[1](第7页)

换句话说,在张载看来,"气"并不只是指蒸汽或呼吸,处于不同的状态下的"气"构成了宇宙万物。当"气"至清时,即为无形之物,当然,"气"也包括我们的呼吸、一切生物体及所有无生命的物体。因为具有这种特性,"气"必然会凝而成器,并且不可避免地因为器散而复归于混沌之态,永无休止。

在下文中,我将用"氣"来指原始未分、初始的气,用"炁"指凝聚、有形的气,用"气"指含有双重含义的气,或两种含义

---

1 这几段所讲的气之聚散,与下面引用的《庄子》中的一段文字相同:"人之生,气之聚也。聚则为生,散则为死……故万物一也……故曰通天下一气耳,圣人故贵一知。"(《庄子·知北游》,译见 Watson, *The Complete Works of Chuang-tzu*, p. 236。)

难以区别的气。[1]当然，虽然张载经常用"炁质"与"形炁"来指凝聚的"炁"，但他并没有对这两种"气"的状态做字形上的区分。事实上，在张载看来，两种"气"的内涵是不同的，关于这一点，我们可以从下面的文字中看出：

> 气聚则离明得施而有形，气不聚则离明不得施而无形。方其聚也，安得不谓之客？方其散也，安得遽谓之无？故圣人"仰观俯察"，但云"知幽明之故"，不云"知有无之故"[2]。（第8页）

除了阐述两种"气"——混沌之"氣"和化生之"炁"——以外，张载偶尔也将"气"解释为水汽或者气态物质。例如，他对声音现象的解释如下：

> 声者，形[3]气相轧而成。两气者，谷响雷声之类；两形者，桴鼓叩击之类；形轧气，羽扇敲矢之类；气轧形，人声笙簧之类。是皆物感之良能，人皆习之而不察者尔。（第20页）

换句话说，"气"是绵绵不断的。有形之物——具形物态——则如桴与矢，由"炁"凝聚而成，空气也是"气"，只是未凝聚成形而已。在这绵绵不断的另一终端，则是"太虚"混沌之"氣"。

1　译者按：原文用"Ch'i""ch'i""qi"三词区别之，译文无法对应，故以"氣"、"炁"、"气"代之。
2　《系辞上》第3段，译见Wilhelm, *The I Ching or Book of Changes*, p. 294。
3　"形"意味着物形可见，我们不应该将它与古希腊哲学的"形式"混淆。

文中还有一段话，张载借此对人的两种"气"做了区分。他写道：

> 气于人，生而不离、死而游散者谓魂；聚成形质，虽死而不散者谓魄。（第19页）

虽然张载在这里并没有做什么关联性的解释，但是用"魂"称"气"，似乎与纯"氣"即人的"真性"相关联[1]，用"魄"称"气"，则与物性相关联，是凝聚之"炁"，即人的"气性"。张载认为，佛教徒由于对"魂"没有正确的认识，所以就对《系辞》中"游魂为变"[2]的理解持批评之见：

> 惑者指游魂为变为轮回，未之思也。（第64页）

在另一篇文章中，张载对"游魂"给出了自己的阐释：

> 形聚为物，形溃反原，反原者，其游魂为变与！（第66页）

张载谨慎地指出，"虚"即是"氣"，所以不可以说它能生"氣"：

---

1 参见汤浅幸孙:《宋学中的自然与人伦——张载的唯物论》,《京都大学文学部研究纪要》,1976年第16期,第9页。关于人性,我们将在后面的第三章中讨论。
2 《系辞上》第4段。

> 若谓虚能生气,则虚无穷,气有限,体用殊绝,入老氏"有生于无"[1]自然之论。(第8页)

虚,或称为无,是"有"的一种形态(即"氣"),所以它不先于"有",也不生"有"。不过,张载在其他地方对这一点又含糊其辞:

> 无则气自然生,气之生,即是道,是易。(第243页)

这段话好像跟前文相矛盾,其中似乎含有"无"先于"有"的意思。[2] 不过,这样显而易见的矛盾是可以调和的。对张载来说,"无"并不意味着"空无一物",恰恰相反,它意味着"有"以无形的状态存在(即混沌之"氣")。所以,如果把上面那段话里的"气"改为"炁",我们就可以看出,这其实指的是由"无"到混沌之"氣"再到凝聚之"炁"的过程。这个"无"中生"有"(随之即"复")的过程,就是道。正如张载在《正蒙》中所指出的那样:

> 由气化,有"道"之名。(第9页)

在另一篇讨论复归"游魂"的文章中,张载描述了这种由"氣"至"炁"的转化过程:

---

1 《道德经》第三十三章。参见Graham, *Two Chinese Philosophers*, p. 121。

2 事实上,牟宗三确实采取了这种立场,并且认为张载虚不生"气"是错误的说法。参见牟宗三《心体与性体》,台北:正中书局,1969,第460页。

"精气为物，游魂为变。"[1]精气者，自无而有；游魂者，自有而无。（第183页）

张载确信这样的事实：万物皆由混沌未分之"氣"凝聚而成。他把这个过程比喻成水冻成冰和冰融为水——水凝则成冰，冰释则复为水，整个过程都是在水中发生的：

气之聚散于太虚，犹冰凝释于水。[2]（第8页）

张载并没有阐明这个过程究竟是如何发生的。总而言之，"氣"凝而成物，继而消散，复归于混沌之态，都是物性使然：

气本之虚则湛无形，感而生则聚而有象。[3]（第10页）

生而为有者是炁——构成世间万物的材料。

因此，张载的"气"的概念，实在是包罗万象。无物不以"气"成，任何现象都可以用气的性质来解释。因为万物都是由"气"生成的，所以张载便可以"一以贯之"了：

---

1 《系辞下》第4段，译见Wilhelm, *The I Ching or Book of Changes*, p. 294。
2 这与下面王充《论衡》中的段落相同："气之生人，犹水之为冰也。水凝为冰，气凝为人；冰释为水，人死复神。"《论衡》第二十卷第62篇第870页，《国学基本丛书》本。参见Needham, *Science and Civilisation in China* II, p. 369, Alfred Forke trans., Lun-Heng (1907; rpt. New York: Paragon, 1962), I, 192。
3 第一句其实是有问题的。我的理解是：由于"气"的本源是太虚，所以它原本是无形的，可又暗含成形的潜力。《张载集》第22页："湛一，气之本。"我在这里没有采用《张载集》对这段文字的校订。

> 阴阳之气，散则万殊，人莫知其一也。（第66页）

再如：

> 万物虽多，其实一物。（第10页）

> 知虚空即气，则有无、隐显、神化、性命，通一无二，顾聚散、出入、形不形，能推本所从来，则深于《易》者也。（第8页）

本来张载所面临的最棘手的问题，是对《周易》中的两大领域——一个是形而上，一个是形而下——做"一以贯之"的解释。[1] 但是他试着用"气"来贯通形而上与形而下。关于这一点，我们从下文中可以看出：

> 凡不形以上者，皆谓之道，惟是有无相接与形不形处知之为难。须知气从此首，盖为气能一有无。（第207页）

此言一出，实在惊人。用"气"来统一形而上与形而下、有与无，可谓前无古人。事实上，张载也曾因过分关注"气"而被

---

[1] 墨子刻把新儒家将这两个领域联系起来的努力描述为"致力于关联形而上学和经验领域"。参见 Metzger, *Escape from Predicament*, p. 72—74。

人诟病。二程和朱熹都认为,"气"是且只能是形而下的。[1]他们认为张载把"气"应用于形而上的领域是错误的。比如,程颐称:

> 子曰:"子厚以清、虚、一、大名天道,是以器言,非形而上者。"[2]

"清、虚、一、大"是指"太虚",自然而然,张载便说"太虚"是混沌之"氣"。程颐则坚持认为不能用"氣"的构成之物去描述"道",他认为"气"只能是形而下的。换言之,程颐的观点可以理解为:"氣"是形而下的,如果太虚是"氣",那么太虚就成了形而下的。既然是形而下的,就不可以被用来描述"道",因为"道"是形而上的。

除了借由"气"来"一以贯之"之外,张载还用"气"去驳斥佛道的存在论。老子讲无中生有[3],但正如学者们所说的那样,这就"暗喻着'无'虽然不可名状,却实实在在存在着"[4]。许多佛教宗派都有一个基本的教义,那就是色相为幻。张载选择"太虚"这个词,一个有明显的佛教和道教内涵的术语,来反驳佛

---

[1] 牟宗三批评张载也是基于同样的前提,认为"气"仅仅属于形而下的范畴。牟宗三称"太虚"仅见于"气",而"太虚"自己并不是"气"。牟宗三忽略了这一点:张载重新定义"气",是为了统一形而上与形而下。参见牟宗三《心体与性体》,第455页。

[2] 《张横渠集》(《丛书集成简编》本)第7页(凡涉此者,皆注页码)。正如陈荣捷所注意到的:"器"是指"具体定形之物,跟既无形又无质的道不是一回事"。见Chan, *A Source Book in Chinese Philosophy*, p. 784。

[3] 《道德经》第四十章。

[4] S.C. Huang, 'Chang Tsai's concept of Ch'i,' p. 253.

道的观点（佛教徒常说色即是空，借以表明色相为幻的观点，这句话本身出自《庄子·知北游》）。张载用一种明显的非佛、非道的方式将"太虚"解释为"氣"，因此有"有"，所以是真实的物理存在。比如，他写道：

> 凡有形之物即易坏，惟太虚无动摇，故为至实。（第325页）

尽管张载将"太虚"解释为"氣"，程颐却认为"太虚"隐含着"非实"之意。因此，他这样批评张载使用"太虚"这一术语：

> （程颐）曰：亦无太虚。遂指虚曰：皆是理，安得谓之虚？天下无实于理者。[1]

朱熹也拒绝使用"太虚"一词，而更倾向于用周敦颐的"太极"。张载很少谈到"太极"，一旦谈及，就会清楚明了地阐明：在他看来，"太极"就是"氣"。[2]这其实是他的思想与程朱学派思想的主要区别，后者坚持认为"太极"是理，没有实体。

张载还用"太虚"这一概念去批判道家和佛家。比如，他谈到道家时说：

> 知太虚即气，则无无……诸子浅妄，有有无之分，非穷

---

[1] 《河南程氏遗书》《国学基本丛书》本，以下简称《二程遗书》）第71页（凡涉此著，皆注页码）。转引自Graham, *Two Chinese Philosophers*, p. 125。

[2] 参见《张载集》，第235页。

理之学也。(第8—9页)

此外,他又借对《周易》中的"仰以观于天文,俯以察于地理,是故知幽明之故"一句的解释来批评佛教:

> 见者由明,而不见者非无物也……彼异学则皆归之空虚,盖徒知乎明而已,不察夫幽,所见一边耳。(第182页)

下面这段话也见于《正蒙》篇:

> 气聚则离明得施而有形,气不聚则离明不得施而无形,方其聚也,安得不谓之客?(第182页)

有意思的是,这段写于《正蒙》之前的文字,最后一句有不同的版本:

> 安得不谓之有?[1]

在《正蒙》的版本中,这段话没有批评佛教的意思。张载想要强调的是:物质的存在是暂时的,只是"气"聚散循环过程中

---

[1]《张载集》修订了这些文字,使其与修订后的《正蒙》相符。然而,这些修订是没有依据的。

的一个阶段。不过，这段话是对佛教更长远的批判，因为张载强调物质世界的真实存在，而佛教徒视世界为虚幻梦境。一些佛教宗派认为万物会寂灭，所以终究是幻象。在张载看来，佛理的这一基本前提是不正确的。他坚持认为佛教徒不理解这种寂灭仅仅是状态的变化，即由凝聚之"炁"转变为"太虚"混沌之"氣"，二者都是真实的存在。

而"气"聚散的过程之所以发生，是由它的基本属性，即阴阳二仪决定的，这个我们接下来讨论。

阴阳

张载用"气"来解释万物，所以他可以被视为一元本体论者。但是，"气"本身又具有阴阳两种极性：

> 一物两体者，气也。一故神，两故化。（第233页）

> 太虚之气，阴阳一物也。（第231页）

阴阳并不是彼此割裂的两个实体：它们是"气"的两个方面，是"气"最根本的属性。在原初的"太和"状态及蕴含混沌之"氣"的"太虚"之中，它们是统一的，并且是使"氣"聚而化生万物的动力。

因为与"气"相关，"阴阳"的概念便容易构建起来，张载也无须解释或者界定它们。[1]正如与张载同时代的苏轼所说，虽然看不见，但"谓阴阳为无有可乎，虽至愚知其不然也"[2]。换句话说，没有人会怀疑它们的存在。从根本上说，阴和阳是统一在"气"中互补的两个方面。阳，就是张，是"气"的男性化特质；阴则与之相反，为气的女性化特质。阳与夏、热相关，阴与冬、寒相属。阳则燥，阴则润。二者总是相辅相成：一方位于峰顶，另一方即陷入谷底，但它们永远不会完全消失。一旦某一方盈满至极，旋即开始衰亏，互补的另一方便开始增长。

有时，张载说阴阳是基于其本性。比如：

阴之性常顺。（第231页）

阴性凝聚，阳性发散。（第12页）

阴阳二仪是互补且对等的。紧接着上面的论述，他又说：

---

1 满晰博对这种普遍认同的阴阳观念进行了很好的讨论，尽管这种讨论相当专业。他提供了一个讨论阴阳的简明史，以及与之相关的其他著作，见Manfred Porkert, *The Theoretical Foundations of Chinese Medicine: Systems of Correspondence*, MIT East Asian Science Series, v. III (Cambridge: MIT Press, 1974), Chapter 1. 他的基本定义是："阳为位势之动者，阴为位势之成者。"他的解释如下："所谓成者，即它是一种正面的结果，发生在某种既定位势之内，并且是直接可见的。相比较而言，动者是一种发生在既定位势之外的效果，并且只有在某种'即成'（或为客体，或为主体）位置已经确定时才是间接可见的……刺激的一方是动，承应的一方是成。只有通过承应的一方，我们才能得知刺激的存在。"（第14页），又参见Wilhelm, *Eight Lectures on the I Ching*, pp. 23—34。

2 苏轼：《东坡易传》第七卷第8页，见严灵峰编著：《无求备斋易经集成》，台北：成文出版社，1976，第五册第16卷第377页。

阴聚之，阳必散之。[1]（第12页）

在下面这段文字中，张载将"德性"的存灭与阴阳的消长联系起来：

阳明胜则德性用，阴浊胜则物欲行。（第24页）

这是一个孤立的段落，但总的来说，张载视阴阳为道德范畴中对等的概念，正如下面这段话所言：

其阴阳两端，循环不已者，立天地之大义。（第9页）

张载用这对基本的两仪概念联系起众多相对应的两端。有时，他说这对概念属于不同的领域，以此来区分它们。《说卦》说："是以立天之道曰阴与阳，立地之道曰柔与刚，立人之道曰仁与义。"[2]张载评述这段文字说：

阴阳，气也，而谓之天；刚柔，质也，而谓之地；仁义，德也，而谓之人。（第235页）

---

[1] 李约瑟误将阳为"炁"散，阴为"炁"聚的说法归于朱熹。见Needham, *Science and Civilisation in China* II, p. 471。

[2] 《说卦下》，译见Wilhelm, *The I Ching or Book of Changes*, p. 264。

为了说明每一对概念都是同一基本极性的不同表现，张载转而用"乾""坤"二字来概括它们。在《周易》诸卦中，"乾卦"居首位[1]，是为纯阳，由六根不中断的线条排列而成；"坤卦"居其次，是为纯阴，由六根中断的线条排列而成。在另一处评论《说卦》中的这段文字时，张载说：

> 阴阳，天道，象之成也；刚柔，地道，法之效也；仁义，人道，性之立也。三才两之[2]，莫不有乾坤之道也。（第235页）

这些对应的两端有着相同的基本极性[3]，只是强调了极性的不同侧面。有时，张载将"乾""坤"用作这种极性最普遍的表达，而把其他对应的两极作为"亚极"，用来描述更为具体或有限的内容。例如：

> 乾于天为阳，于地为刚，于人为仁；坤于天则阴，于地则柔，于人则义。（第225页）

遗憾的是，张载没有对"仁""义"何以成为两极做出解释，而仅仅依据《系辞》将它们跟"乾""坤"联系起来。

在别处，张载又说乾坤为"用"，阴阳为"实"，如论《系辞》

---

[1] ☰；参见Wilhelm, *Eight Lectures on the I Ching*, pp. 10—11。
[2] 《说卦下》，译见Wilhelm, *The I Ching or Book of Changes*, p. 264；参见《系辞下》第10段。三"才"者，为天、地、人。
[3] Porkert, *The Theoretical Foundations of Chinese Medicine*, p. 8.

的第一段就是：

> 不曰天地而曰乾坤者，言其用也。乾坤亦何形……阴阳言其实，乾坤言其用，如言刚柔也。乾坤则所包者广。[1]（第177页）

张载并不持清晰的领域划分，有时还借"刚""柔"以述人之秉性：

> 阴阳者，天之气也。刚柔缓速，人之气也。（第324页）

所有这些对应的两仪，都是阴阳"互补"[2]在方方面面的体现。由于它们指代两极的不同方面，所包含的范围有广有狭。张载有时会对它们进行区分，比如，在另一处评论《系辞》第一段中关于"乾坤"的功用时，张载说：

> 不曰天地而曰乾坤，言天地则有体，言乾坤则无形。（第69页）

换句话说，《系辞》使用的"乾坤"是形而上的，因为"乾坤"的范围较天地更为宽泛。然而，每一对概念都是同一极性的不

---

[1] 我在这里不采用《张载集》对这段文字的校订。

[2] Andrew H. Plaks, *Archetype and Allegory in the Dream of the Red Chamber* (Princeton: Princeton University Press, 1976), pp. 44ff.

同表现，因此张载在别的地方谈到这个问题时又说：

> 乾坤，天地也。（第206页）

除了前面提到过的几对两极之外，张载还列举了一些别的例子，其中之一就是"动静"。他解释"天"和"动"（"阳"的两个方面）与"地"和"静"的关联如下：

> 天地动静之理，天圆则须动转，地方则须安静。[1]（第177页）

其他对应的两极可以从下面的文字中看出：

> 一物两体者，气也……两体者，虚实也，动静也，聚散也，清浊也。其究一而已。（第233页）

这意味着每对相应的两极，也就是"气"的两个方面都是一个统一体，它们是归一的，因为它们表现出同样的基本极性。前文曾经部分引用的文字（第81页），其全文如下：

> 太虚之气，阴阳一物也。然而有两体，健顺而已。（第231页）

---

1 "天圆地方"，典出《淮南子·天文训》第35页。

"健"与"顺",是《系辞》中的另一对两极,是用来描述"乾"与"坤"的。[1]

张载解释说,"鬼"和"神"通常被用来指代鬼魂和精神,[2]是"气"的另一对相应的两极,并没有超自然的隐义("神"单独使用时则有另外的意思)。比如,张载解释"氣"凝而成人的过程如下:

> 至之谓神,以其伸也;反之为鬼,以其归也。(第19页)

对张载来说,"神"是指太虚无形之"炁"的显现,而"鬼"则是指复归于"太虚"的形而上的"氣"。"鬼"因此可以被引申为"魂归于太虚","神"则可以被引申为"神伸自太虚"[3],正如下面这段文字所说的:

> 鬼神者,二气之良能[4]也。(第9页)

换句话说,"鬼""神"就是阴阳的一种"亚极",也是"气"的属性,并不是游离于天地运化之外的幽灵或神明。[5]

1　参见《系辞下》第9段。

2　参见Chan, *A Source Book in Chinese Philosophy*, p. 505;参见西顺藏:《张横渠的思想——论中国人的天地观》,第224页。

3　这种关于"鬼""神"的翻译乃裴德生所为。

4　"良能"一词见《孟子·尽心下》。

5　正如陈荣捷所说:"……在张载之前,没有人把鬼神解释为物质力量(即"气")的自发活动,并且将这个概念纳入形而上的体系。"见Chan, *A Source Book in Chinese Philosophy*, p. 505。

> 鬼神之实，不越二端而已矣。（第9页）

由于列出的各种对应的两极代表着不同的领域，或者强调基本极性的不同侧面，所以张载常常用其中一组对应的两极来描述整个过程：

> 今天下无穷动静情伪，止一屈信而已。（第215页）

世间万物都能用这种极性的属性来加以解释：

> 天大无外，其为感者絪缊而已。[1]（第224页）

而佛教徒却不悟于此：

> 不悟一阴一阳范围天地。（第8页）

一切皆为两仪之"絪缊"，即"屈信"。事实上，"理"是很难把握的，因为它是抽象的、形而上的。不过，人们可以从其运化的迹象中推断出它的存在。例如，张载评述《系辞》中的"变化进退之象"[2]一句时就说：

---

1 我在这里不采用《张载集》对这段文字的校订。
2 《系辞上》第2段。

> "变化进退之象"云者，进退之动也微，必验之于变化之著，故察进退之理为难，察变化之象为易。（第180页）

人们也可以通过《周易》中的阴阳消长，即"屈信"运化的另一显著表现来把握"理"。卦画爻文，昭示"理"的功用，也说明了天地运化的过程：

> 《易》之为书与天地准[1]。《易》即天道……盖卦本天道，三阴三阳一升一降而变成八卦。[2]（第181页）

换句话说，《周易》的各种卦象所演绎和揭示的，都是二仪的互动感应，正如天地间万事万物的情状一样。所以，《周易》为书"与天地准"[3]。事实上，张载常用《周易》的书名"易"来表示天地运化的过程。比如：

> 易，造化也。（第206页）

有时，张载会对他所用的"易"的含义加以说明，就像上述

---

[1] 《系辞上》第3段。

[2] "升降"为另外一个互补的两极，类似于膨胀与收缩。"三阴（爻）"与"三阳（爻）"，是指二首卦而言：乾为三阳爻，坤为三阴爻。它们变化则由阴而之阳（即为"升"），或由阳而之阴（即为"降"），由这二首卦开始，八种卦象中的其他卦象便产生了。

[3] 裴德生认为，《系辞》中暗含的观点是天地的运化都已演之于《周易》。（Peterson, 'Making Connections,' p. 88）。至于张载，我相信他也持同样的观点。

引文那样（"《易》之为书……"[1]），或者像下面所评述的那样：

> 此论《易》书之道。[2]（第191页）

不过，如果张载没有明示他所用的"易"是指《周易》一书，还是指运化，就说明他无意区分两者。所以，除非能明确了解"易"之所指，否则，在一般情况下，我将张载所说的"易"理解为"变易"，既指《周易》一书，又指运化的过程。好在无论是在《周易》中，还是在天地运化的过程中，两仪之力都是形而上的，而它们的相互感应，既带来了世间万象，又形成了《周易》中的种种卦象，这些却都是形而下的：

> 乾坤交通，因约裁其化而指别之，则名体各殊，故谓之变。（第206—207页）

佛教徒的问题在于他们不知"易"：

> 识易然后尽性，盖易则有无动静，可以兼而不偏举也。（第206页）

根据张载的说法，佛教徒不知易，只称空，便被困于形

1　《系辞下》第7段。
2　译者按：经核《张载集》，无"易"一字。译时从《张载集》原文。

而上的领域了：

> 彼欲直语太虚，不以昼夜、阴阳累其心，则是未始见易。（第65页）

除了借天地运化的过程和各种有形的卦象来把握"易"的抽象之理外，人们还可以通过《系辞》来掌握"易"理：

> 《系辞》所以论《易》之道，既知《易》之道，则《易》象在其中。[1]（第242页）

通过《系辞》可以掌握易之理，然后就可以掌握易之象，以及种种情状——书中的也好，寰宇中的也罢。

阴阳两仪的性质是什么？张载对其中的细节含糊其辞。然而，我们可以从"阴"和"阳"的两种不同关系进行区别。一种是两仪周而复始的运化，就像下面论述的那样：

> 天道不穷，寒暑也；众动不穷，屈伸也。（第9页）

盈极则亏，如寒暑相推。张载引用《系辞》中的话写道：

1　《系辞》可能是指《易经》中的"辞"，或者是指对"辞"的解释。我采用的是后一种意思。

日月相推而明生，寒暑相推而岁成。[1]（第9页）

所有这些现象，都是阴阳运化的种种表现。为了说明这一点，张载这样说：

昼夜者，天之一息乎！寒暑者，天之昼夜乎！（第9页）

每一种运化，都是两仪互补的结果：

阴阳之精互藏其宅……盖相兼相制，欲一之而不能，此其所以屈伸无方，运行不息，莫或使之。（第12页）

每一极都蕴藏着对应另一极的始因，无休无止。一方至其极，即启亏缺之道，对应的另一极则开始转盈。并不是因为这一极促使那一极动起来，而是因为两仪只能以这种方式存在：永远相生相克，运转不休。这个"理"也可以借《周易》中的互卦之象来说明：

"剥"之与"复"，[2]不可容线，须臾不复，则乾坤之道息也，故适尽即生，更无先后之次也。此义最大。（第113页）

---

[1] 《系辞下》第3段，译见Wilhelm, *The I Ching or Book of Changes*, p. 338。
[2] 在大多数《周易》版本中，"剥"卦和"复"卦是第23卦和第24卦。"剥"卦和"复"卦被视为处于一种连续变易的状态。当"剥"卦的诸爻都变成相反状态时，它就变成了"复"卦。

这正是张载认为卦象体现天地运化的一个例子：从"剥"卦出现的那一刻起，它就开始向其互卦"复"卦转换。没有间断，如天地运行：随着午夜的降临，正午也开始出现。

张载用一个比喻来解释每一卦是如何暗含其互补极性的——他举了《系辞》中尺蠖的例子："尺蠖之屈以求信也"[1]。还有一段话，跟《道德经》(第七十六章)十分相似：

> 胜兵之胜，胜在至柔，明屈伸之神尔。(第36页)

另一种阴阳关系，从形式上看并不是阴阳二者间的优势循环更替，而是二者互动产生新的事物，就像两性交媾而生育子女一样。[2]这样的互感，似乎可从下面的文字中看出：

> 游气纷扰[3]，合而成质者，生人物之万殊。(第9页)

> 感而后有通，不有两则无一。(第9页)

换句话说，某些现象的产生，是因为阴阳的更替。某些事物的产生，是因为"阴"的凝聚属性，就像夜或冬由"阴"主之，

1　《系辞下》第3段。参见《张载集》第215页。

2　唐君毅在他研究张载的著述中把这两种阴阳关系描述为"直"与"平"。所谓"直"，指的是连续不断地显现与消失的过程（也就是我所说的由"氣"到"气"和由"气"到"氣"的过程）。所谓"平"，则是指这样一个事实：一个事物的产生，是其他事物相互感应的结果。T'ang Chün-yi, 'Chang Tsai's Theory of Mind and its Metaphysical Basis,' in *Philosophy East and West*, 6 (1956), pp. 122—123.

3　语出宋玉《神女赋序》，参见《文选》(《国学基本丛书》本)，"情"第十九卷第76页。

不过，随着夜尽昼来，由于"阳"的消散属性，这种凝聚最终又会消散并复归于"太虚"。张载认为冰的形成便是这一过程的很好例子：

> 冰者，阴凝而阳未胜也。[1]（第13页）

与"阴"凝而生物，"阳散"而复归于"太虚"这一过程不同，阴阳交互感应也可以产生新的事物：

> 感而生则聚而有象。（第10页）

生殖是阴阳交感的一个明显例子，尽管张载从未具体提到过。

由于张载没有具体说明这一过程究竟是如何运化的，所以我们可以认为他对生殖是怎么回事不甚清楚。比如，人的出生，是由阴"氣"凝之而成，还是由阴阳二"氣"交合而成，他并没有说明。程颐则谈到有两种孕育方式——"气"化而生与种生，具体为：

> 有两般：有全是气化而生者，若腐草为萤是也。既是气化，到合化时自化。有气化生之后而种生者。且如人身上着

---

1 我在这里不采用《张载集》对这段文字的校订。

新衣服，过几日便有虮虱生其间，此气化也。气既化后更不化，便以种生去，此理甚明。[1]

朱熹也给出了类似的答案：

> 生物之初，阴阳之精自凝结成两个，盖是气化而生。如虱子自然爆出来，既有此两个，一牝一牡，后来却从种子渐渐生去，便是以形化，万物皆然。[2]

张载谈"阴"论"阳"，还停留在一般泛泛的层面。他不像朱熹那样凡事皆分阴阳[3]，也没有详细说明具体情况下的阴阳是如何运行的。当然也有一些例外，张载借阴阳来解释各种现象，比如：

> 阳为阴累，则相持为雨而降；阴为阳得，则飘扬为云而升。故云物班布太虚者，阴为风驱，敛聚而未散者也。凡阴气凝聚，阳在内者不得出，则奋击而为雷霆；阳在外者不得入，则周施不舍而为风；其聚有远近虚实，故雷风有小大暴缓。和而散，则为霜雪雨露。不和而散，则为戾气曀霾；阴常散缓，受交于阳，则风雨调，寒暑正。（第12页）

---

1 《二程遗书》第220页，转引自Graham, *Two Chinese Philosophers*, p. 36。

2 《朱子全书》，台北：广学社印书馆，1977，第四十九卷第20页。

3 Yung-sik Kim, 'The World-View of Chu Hsi (1130—1200): Knowledge about Natural World (sic) in Chu-tzu Ch'üan-shu,' (Diss. Princeton 1979), pp. 64—66，朱熹列举了五十二对诸如此类二仪对应的例子。

在上文部分引用的一段话中，张载称：

> 冰者，阴凝而阳未胜也；火者，阳丽而阴未尽也。火之炎，人之蒸，有影无形，能散而不能受光者，其气阳也。（第13页）

诸如此类借阴阳来说明各种现象的文字，在张载的著作中是比较少的。张载试图传达出这样一种直观的认识：阴阳交感与循环，是有个"理"在的。这个"理"，虽然千变万化，却能用来解释世间万象。这个"理"，在某些情况下是显而易见的：男女交媾以产子息，即为阴阳生物的一个例子；昼夜相继，寒暑往复，又为两仪周期性更替的例子。从这些显而易见的现象中，我们应该可以推演出玄理的运行：

> 易简然后能知险阻，易简理得[1]，然后一以贯天下之道。（第36页）

一旦悟得这个可以解释寰宇万物的玄理，你就可以运用它来解释任何现象，甚至那些幽微之迹。比如，"地"何以凝而不易：

---

1 《系辞上》第1段。

地虽凝聚不散之物,然二气升降其间,相从而不已也。(第11页)

明白了这个理,你就可以省去许多思考:

先得此一致之理,则何用百虑!(第215页)

这种万物皆可用一个至理来解释的观点,其实与程朱理学的基本假设是相似的。事实上,为了描述这个高于一切的至理,张载甚至使用过"天理",这个被程颢自诩为是他对哲学贡献的概念。[1]张载与二程的不同之处,只在于他并没有特别强调这个概念。"理"对于他来说,就是规律,是"气"的特性,所以,在他的哲学体系中,"理"并不像在程朱理学中那样居于核心位置。

因此,通过重新定义"气",张载得以断言世界的真实性,从而反驳了佛教的本体论。凭着这个概念以及阴阳的基本属性,他得以"一以贯之"——说明寰宇万物皆系于一个至理。"气"和"阴阳"这两个概念构成了张载天地观的基础,也为他探讨人性提供了框架。但在考察张载的天人观之前,我们必须先厘清两个概念,即"天"和"神",这对于理解张载的天地观至关重要。

1　Graham, *Two Chinese Philosophers*, p. 3.

天

要想理解张载所谓的"天"或者昊天的概念,就必须弄清楚在他之前的儒家学者对这个词是如何解释的。胡适说:"中国古代观念上的'天'或'帝',是一个有知觉、有感情、有爱有恨的人类与宇宙的最高统治者。"[1]《尚书》中有很多段落表达了类似的天道观。例如:"惟帝降格于夏。有夏诞厥逸……天惟时求民主……天惟式教我用休。简畀殷命。尹尔多方。"[2]这种拟人化的"天"也可以在墨子的思想中看到,比如:"天子为善,天能赏之;天子为暴,天能罚之。天子有疾病祸祟,必斋戒沐浴,洁为酒醴粢盛以祭祀天鬼,则天能除去之。"[3]在孔子的言论中,偶尔也有类似的表述,譬如:"天丧予,天丧予!"[4]以及"天之未丧斯文也,匡人其如予何?"[5]

不过,到了孔子的时代,情况发生了变化。[6]孔子关注的是人,对与人类社会和人的正确行为无关的问题并不关注。[7]他不再强调"天"的主导作用,像前面引用的那些文字其实比较少见。墨子不遗余力地倡导天意,恰好证明当时人们已对天人共

---

[1] Hu Shih, 'The Scientific Spirit and Method in Chinese Philosophy,' in *The Chinese Mind: Essentials of Chinese Philosophy and Culture*, ed. Charles A. Moore (Honolulu: East-West Center Press, 1967), p. 110.

[2] Legge, *The Shoo King*, p. 495, pp. 501—502.

[3] Hsiao/ Mote, *A History of Chinese Political Thought*, v.1, p. 244。

[4] 《论语》第十一篇第9章,译见Waley, *The Analects of Confucius*, p. 155。

[5] 《论语》第九篇第5章,译见Lau, *The Analects* (*Lun yü*), p. 96。

[6] 参见Arthur Waley, *The Way and its Power* (New York: Grove Press, 1958), pp. 24, 其后多页是关于这种变化的讨论。

[7] 例如《论语》第十一篇第12章。

性论失去兴趣。

老子所倡导的是一个全新的概念，他用自生之道取代了天人共性论。他的描述如下：

> 有物混成，先天地生。寂兮寥兮，独立而不改，周行而不殆，可以为天下母，吾不知其名，字之曰道。[1]

换句话说，老子主张"道"是世界的本源，并且认为世界的运化是自发的过程，从而取代了天人共性并且人当遵顺天意的观点。荀子所倡导的"天"论，与老子的"道"论相似：二者都是自发的过程，其因不可见，其源莫或知。荀子说："列星随旋，日月递照，四时代御……皆知其所以成，莫知其无形，夫是之谓天。"[2]

汉代哲学家董仲舒（前179—前104）又推衍出一套理论，即通常所谓的"天人感应"[3]。董仲舒认为人事与天象是联系在一起的，特定的人事导致特殊的天象。例如："天有阴阳，人亦有阴阳……人之阴气起，而天地之阴气亦宜应之而起……无非己先起之，而物以类应之而动者也。"[4]这段话所论述的正是天象自发的过程，只是，有时董仲舒又暗示天象是对人事有意识的反

---

[1] 《道德经》第二十五章，译见D.C. Lau, *Tao Te Ching* (Harmondsworth: Penguin, 1963), p. 82。

[2] 转引自冯友兰：《中国哲学史》，第一卷第285页。

[3] 例如Hsiao/ Mote, *A History of Chinese Political Thought*, v.1, p. 503; Needham, *Science and Civilisation in China* II, p. 279。

[4] 董仲舒：《春秋繁露》(《四部备要》本)，第十三卷第3—4页，转引自冯友兰《中国哲学史》第二卷第56页。

应,例如:"国家之失,乃始萌芽,而天出灾害以谴告之……以此见天意之仁而不欲陷。"[1]

西汉末年,借谶纬文字说明天道向背很是被人看重。这种思想在汉代的盛行,可从王充(27—约97)的激烈批评中窥知一二。他反问道:"天能谴告人君,则亦能故命圣君,择才若尧舜,受以王命……生庸庸之君,失道废德,随谴告之,何天不惮劳也?"[2]

在六朝时期(222—589),像王充那样对拟人化的"天"进行批驳就走得更远了。例如,王弼(226—249)就说:"天地不故意生万物,万物亦不知其所由生"[3]。按照郭象《庄子注》的说法,天道是天地自发的运化过程,例如:"自己而然,则谓之天然。天然耳,非为也,故以天言之。以天言之,所以明其自然也,岂苍苍之谓哉?"[4]。鲍敬言(4世纪早期在世)就说:"儒者曰:'天生烝民而树之君。'岂其皇天谆谆然亦将欲之者为辞哉!夫强者凌弱,则弱者服之矣;智者诈愚,则愚者事之矣。"[5]

总而言之,上天最初被认为是一个掌管人类事务的拟人化

---

[1] Hsiao/ Mote, *A History of Chinese Political Thought*, v.1, p. 496.

[2] 译见Forke, *Lun-Heng*, I, 94。王充又写道:"天无口目也……恬淡无欲……自然之道,非或为之也……物自然也。"Hsiao/ Mote, *A History of Chinese Political Thought*, v.1, p. 586。

[3] Hsiao/ Mote, *A History of Chinese Political Thought*, v.1, p. 611。译者按: 此处牟复礼(Mote) 英译或有小误: 所引文字为萧公权(Hsiao) 撮取王弼语意,非王弼原文。萧公权原注其文字出自王弼《老子注》第二十一章。今核楼宇烈校释《王弼集校释》相关章节,无此文字。王弼注文中与此意相近者有:"以无形始物,不系成物,万物以始以成,而不知其所以然……深远不可得而见,然而万物由之。"

[4] 参见许杭生:《略论魏晋玄学》,见《哲学研究》,1979年第12期,第35页。

[5] Needham, *Science and Civilisation in China* II, p. 435, 转引自Etienne Balazs, 'Nihilistic Revolt or Mystical Escapism: Components of Thought in China during the Third Century A.D.,' in *Chinese Civilization and Bureaucracy*, p. 243。

的统治者，孔子虽然部分保留了这种观念，但他将注意力转向了人与社会。墨子认为天是有意志的，荀子则抛弃了这种观点。荀子的"天"类似于道家的"道"——是个自发的过程，既与人事无涉，又不受其影响。董仲舒认为人事能感应上天，可他又在上天自有其意愿与天然自发两种天道之间犹豫不决。尽管如此，拟人化的天道观念从未消亡：在王充、王弼、向秀、郭象、鲍敬言等人对这种观念的批判中，我们可以窥见它的存在。随后，佛教的思辨思想开始主导中国哲学，"天"的观念也就没有得到进一步发展。

张载对"天"这一概念的使用是上述几种立场的复杂结合。有时他用"天"来指物理意义上的天空，即蓝天：

> 地纯阴凝聚于中，天浮阳运旋于外，此天地之常体也。恒星不动，纯系乎天，与浮阳运旋而不穷者也；日月五星逆天而行，并包乎地者也。（第10—11页）

"天"如果作如是观，则为天空，是星辰之所在：

> 愚谓在天而运者，惟七曜而已。（第11页）

> 天左旋，处其中者顺之，少迟则反右矣。（第11页）

不过，一般而言，张载所关注的并不是物理意义上的天。

对他来说,"天"的含意完全不同。只是由于绝大多数人不懂得"天"的真正含义,张载才偶尔用它来指代天空,就像上面引用的那些文字一样。对此,他是这样解释的:

> 人鲜识天,天竟不可方体,姑指日月星辰处,视以为天。(第177页)

在张载的哲学体系中,"天"是抽象之理的隐喻,而不是指天的运行。在前面部分引用过的那段颇为费解的文字中,张载如是说:

> 见者由明,而不见者非无物也,乃是天之至处。(第182页)

"天之至处"就是指理的微妙之处,那是最难把握的。

那么,天所喻指的抽象之理究竟是何物?正是统御天地运化的理。比如,张载这样解释《周易》中的那个费解的词语:

> "日月得天"[1],得自然之理也,非苍苍之形也。(第12页)

所以说,天指的是自然之理,日月遵循此理而运行。作为抽

---

[1] 《易经·恒卦》,译见Wilhelm, *The I Ching or Book of Changes*, p. 546。

象之理，天便是形而上的：

> 崇，天也，形而上也。[1]（第191页）

正因为它是形而上的，所以"天"就可以被称作"神"。

> 地，物也；天，神也。（第11页）

有时，张载又用"天道"一词来解释化生、变易或者变化的过程：

> 天道四时行，百物生。（第13页）
> 不见《易》，则何以知天道？（第206页）

因此，对张载来说，"天"是天道运行之理的隐喻。如前所述，这个理的特性之一是其自发性，即在整个运化过程中没有意识参与。例如：

> "鼓万物而不与圣人同忧"[2]，此直谓天也，天则无心。（第189页）

---

1 我在这里不采用《张载集》对这段文字的校订。
2 《系辞上》第5段。

(天)鼓万物而生，无心以恤物。(第185页)

更确切地说，"天"指的是化育万物的创造力。这一点可以从张载对《系辞》中的"益：长裕而不设"[1]一句的评述中看出：

益必实为有益，如天之生物，长必裕之，非虚设也。(第228页)

这段话中所谈到的天似乎有点自然神性的意味，跟无意识引导运化的说法矛盾。然而，这显然不是张载的观点，关于这一点，我们可以从下面的这段文字中看出：

天则无心无为，无所主宰，恒然如此。(第113页)

有两则须有感，然天之感有何思虑？莫非自然。(第107页)

所以说，天没有意识，不是统御者。事实上，天"非虚设"，仅仅意味着天与生养化育的过程是相关联的。[2]

至此，我们谈到一个关捩点了。"天"是没有意识倾向的抽象之理，但作为拥有生养化育的创造力，它又是善的。事实上，

1　《系辞下》第6段。
2　程颐关于这个问题的观点和张载是相似的："问：天道如何？曰：只是理，理便是天道也。且如说皇天震怒，终不是有人在上震怒，只是理如此。"见《二程遗书》第316页。Graham, *Two Chinese Philosophers*, p. 24。

由于它具有各种各样的品性，它也就成了人伦的基础。比如说，因为天道恒常，所以就有了"笃"与"诚"的标准。

> 如天道不已而然，笃之至也。（第29页）

> 天所以长久不已之道，乃所谓诚。仁人孝子所以事天诚身，不过不已于仁孝而已。（第21页）

因为天道恒常，所以礼中也应该有不变的东西：

> 礼亦有不须变者，如天叙天秩，如何可变！（第264页）

这些不需要改变的东西是礼的根本之理，它们源自天：

> 天之生物，便有尊卑大小之象，人顺之而已，此所以为礼也。学者有专以礼出于人，而不知礼本天之自然。[1]（第264页）

万物运化有时，天便成为"义"的准则，即张载所谓的"述天理而时措之"[2]：

---

[1] 张载关于礼仪的观点与荀子不同。荀子说："先王恶其乱也，故制礼义以分之，以养人之欲，给人之求。"(Hsiao/ Mote, *A History of Chinese Political Thought*, v.1, p. 184)

[2] 他用谐音"宜"（"应该"之意）来解释"义"，见《张载集》第287页。这种解释源自《中庸》第二十章第5段。

天理者时义而已。君子教人,举天理以示之而已;其行己也,述天理而时措之也。(第23页)

因为"天"是抽象之理,杳然无形,或者称为"虚",所以,对张载来说,除了没有实物形态之意外,"虚"也意味着全然公正与绝无私利,是美德的基础。张载对"虚"所做的解释,从下面所引的几段文字中可见:

静者善之本,虚者静之本。(第325页)

虚者,仁之原。(第325页)

因为天公允地滋养万物,所以称"天"为"虚",意在强调它公正无私、不偏不倚,且无形迹。所以张载说:

天地之道,无非以至虚为实。(第325页)

天地以虚为德,至善者虚也。(第326页)

为了强调天是"虚"的观点,张载说:

由太虚,有天之名。(第9页)

> 太虚者，天之实也。（第324页）

天道昭彰于众，在前面部分引证的文字后面，他继而又说：

> 天道四时行，百物生，无非至教。（第13页）

可是，由于"天"是形而上的，所以难于把握。如果一定要像弄懂阴阳那样弄懂它的话，就势必要借助可见之象去进行推断：

> 气之苍苍，目之所止也；日月星辰，象之著也。当以心求天之虚。（第326页）

但这并不容易，而且，由于大多数人并不知天，所以也就不能遵循天道行事：

> 世衰则天人交胜，其道不一，《易》之情也。（第226页）

> 天以广大自然取贵，人自要尊大，须意、我、固、必[1]，欲顺己尊己，又悦己之情，此所以取辱取怒也。（第99—100页）

---

[1] 《论语》第九篇第4章。

一旦人不依天道而行，那他就失"道"了：

与天地不相似，其违道也远矣。（第35页）

所以，张载所谓的"天"和"天道"，与老子的"道"、荀子以及新道教的"天"是相似的。至于他谈到自发的生育与变化过程，在某种程度上，我们可以说张载甚至是认同老子的：

老子言"天地不仁，以万物为刍狗"[1]，此是也……天地则何意于仁？（第188-189页）

最后一句指出了张载与老子之间的一个根本区别。有意于求仁，则上天不亲，但上天又并非不仁，恰恰相反，按照张载的说法，天总归是善的：化育万物的过程恒常、公正、可靠、适度。在这一点上，张载还保留着董仲舒的一些感应思想。他摒除了上天依其意志而行的观点，但保留了对道德宇宙的信仰，以及天人相应的观点。

天道——宇宙的自发推演过程——因而成为人文的基本标准。意非神授，实乃自如。何以自如，实非凡俗智力所能及，这就是"神"了。

---

[1] 《道德经》第五章，译见Lau, *Tao Te Ching*, p. 61。

神

当张载把"神"与"鬼"对举时,他把"神"解释为"伸",为舒张,为"气"之阳。当他单独使用这个术语时,意义又有所不同。张载使用这个术语,与传统意义上指"神"为"神灵"是有区别的。孔子曾经释"神"为神灵,还留下一句名言:"祭神如神在。"[1]如孔子般释"神"为"神灵"的观点,到11世纪时仍然具有相当的影响力。例如,张载的同时代人邵雍就曾提出,行之得当胜过言之得当,逾于此者,则是美德尽之于心。邵雍继而说:

> 言之于口,人得而闻之;行之于身,人得而见之;尽之于心,神得而知之。人之聪明犹不可欺,况神之聪明乎?[2]

张载或许遵循的是另一个传统——即《周易》,特别是《系辞》和《说卦》中对"神"的用法。《说卦》对"神"的定义如下:"神也者,妙万物而为言者也。"[3]《系辞》则说:"阴阳不测之谓神。"[4]它还这样描述《周易》:

> 《易》无思也,无为也,寂然不动,感而遂通天下之故。

1　《论语》第三篇第12章,译见Waley, *The Analects of Confucius*, p. 97。
2　《宋元学案》第三卷第107页。
3　《说卦》第五章,转引自Graham, *Two Chinese Philosophers*, p. 113。
4　《系辞上》第5段,转引自Graham, *Two Chinese Philosophers*, p. 114。

非天下之至神，其孰能与于此……唯神也，故不疾而速，不行而至。[1]

张载对"神"这个术语的使用见以下这段文字。他从《周易》对这个概念的描述中得出一个有趣的结论：

神为不测，故缓辞不足以尽神。（第16页）

辞是"缓"的——具体且有限——故不足以述"神"，因为"神"是不可描述的。如果要找一个大致相当的词来说这个"神"，我看要用"非凡"——惊奇、神奇——这样的形容词，或者"非凡者"或"神奇力"这样的名词。[2]

此外，与《说卦》中对"神"的用法一样，张载用"神"来指代或者描述神妙莫测者：

用之不穷，莫知其乡，故名之曰神。（第204页）

统御生育运化过程的理也神妙莫测，所以它也"神"：

倏而生，忽而成，不容有毫发之间，其神矣夫！（第10页）

1　《系辞上》第9段。
2　或许还有一些其他的词语，如"精神"、"超自然"或"神秘"等。不过，与张载的"神"相比，"精神"和"超自然"更具宗教意味。把"神"释作"神秘"或许更恰当，但是失掉了"神"中"奇妙"的意思。葛瑞汉使用的"通灵"一词则太过沉凝，与奇妙和高深莫测的意思相去甚远。

有时张载说"神"和"易"或者"道"一样，在古代文献中都被用来强调运化过程的神妙莫测和宏大非凡。例如：

> 《易》语其推行故曰"道"，语其不测故曰"神"，语其生生故曰"易"，其实一物……（第65—66页）

张载评述《系辞》中的"故神无方而易无体"[1]一句时，持论就与《系辞》相同：

> 神与易虽是一事，方与体虽是一义，以其不测，故言无方；以其生生，故言无体。（第187页）

正如我们所看到的，张载用"天"来指宇宙的自发之理，因为"天"是形而上的，所以也是"神"：

> 天之不测谓神，神而有常谓天。（第14页）

有时张载说这种神力是"体"，而"易"或"道"是"用"。换句话说，生育孕化的过程是"用"，是可见的，而支配这个过程的"体"，却是不可见的、奇妙的：

---

[1] 《系辞上》第4段。

> 神，天德；化，天道。（第15页）

在阐释《周易》时，他说：

> 示人吉凶，其道显；阴阳不测，其德神。[1]（第197页）

在这些谈论"道"之体的文字中，张载把"神"作名词用。在这种用法中，"神"指的是变易与转化背后的神妙莫测之力，如下面这段文字：

> 天下之动，神鼓之也。神则主乎动，故天下之动，皆神为之也。[2]（第205页）

张载这样解释《系辞》中的"显诸仁，藏诸用"[3]：

> 显诸仁，天地生万物之功，则人可得而见也；所以造万物，则人不可得而见，是藏诸用也。（第374页）

"所以造"物者——处于天地运化过程的背后者——就是"神"。

1　参见《系辞上》第8段。
2　我在这里不采用《张载集》对这段文字的校订。
3　《系辞上》第5段。

太虚之中，二仪妙应，生出世间万象。这种感应，是形而上的，也是"神"：

> 神者，太虚妙应之目。（第9页）

凡是形而上不可见的，皆是"神"。所以，太虚也是"神"：

> 太虚为清，清则无碍，无碍故神；反清为浊，浊则碍，碍则形。[1]（第9页）

太虚混沌之"氣"为"神"，凝聚之"气"则非"神"：

> 散殊而可象为气，清通而不可象为神。（第7页）

程颢批评这段话说：

> 气外无神，神外无气。或者谓清者神，则浊者非神乎？[2]

程颢认为"神"乃万物固有，而张载却只用它来描述形而上的领域。但是，在有些地方，程颢对"神"的用法又与张载相似：

---

1 参见Graham, *Two Chinese Philosophers*, p. 116对这句话所做的讨论文字。

2 《二程遗书》第133页，转引自Graham, *Two Chinese Philosophers*, p. 116。

化之妙者，神也。**1**

冬寒夏暑，阴阳也。所以运动变化者，神也。**2**

神者，妙万物而为言者也。**3**

因此，张载用"神"来描述神妙莫测但令人敬畏的形而上领域，还用它来命名使天地运化的神力。然而，正因为神描述的是难以名状者，"缓辞"难以尽其精义，所以张载很难传达其中的妙旨。他常常说"神乃……之谓也"或者"神者……之名也"。张载与弟子谈话的语录大多失载，这类表述应该是他对未明"神"旨的弟子们所提问题的回答吧。张载的著作中另一些解释"神"为神妙莫测的文字，或许也是他对这类问题的答复。比如：

故神也者，圣而不可知。**4**（第17页）

（天）其应非思虑聪明可求，故谓之神，老氏况诸谷以此。**5**（第66页）

---

1 《二程遗书》第133页，转引自Graham, *Two Chinese Philosophers*, p. 114。
2 《二程遗书》第133页，转引自Graham, *Two Chinese Philosophers*, p. 114。
3 《二程遗书》第145页。
4 "致知"一词出自《大学》第一章第4段。
5 参见《道德经》第六章。

"谷"即为"虚"——没有物质形态——但是它对声音的反应是产生回声。人们无法知道这种反应来自哪里,因为它来自神秘之处。与之相同,天的感应也是神妙莫测的,人们只需要接受此乃神力之功就足够了:

神不可致思,存焉可也。[1]（第17页）

正如我们所看到的,化生和变易的创造力是不可见的,人们可以通过它的可见之"用"来获知它就在那里。[2]换句话说,人可以借助世间万象来推断这股神力的存在,因为那些都是它的"用"。为了说明这一点,张载对《系辞》中的这段文字[3]做了如下详细说明:

人能知变化之道,其必知神之为也。（第18页）

张载强调同样的观点:众象之生,其实是神之"用"。而当说到那些有形之物时,他称其为"神之糟粕":

凡天地法象,皆神化之糟粕尔。[4]（第9页）

---

[1] 这或许暗含《孟子·尽心上》的意思,或可见于扬雄《法言·问神篇》(《丛书集成简编》本) 第四章第13页。

[2] 这种思想与苏东坡所表达的观点相似:"神之所为,不可知也,观变化而知之尔。"见苏轼《东坡先生易传》第七卷第17页。

[3] 参见《系辞上》第9段。

[4] 参见Graham, *Two Chinese Philosophers*, p.116就这句话所做的讨论以及接下来的文字。

> 万物形色,神之糟粕。(第10页)

张载还用"神"来论述万物一体这一事实:

> 一物两体,气也;一故神(两在,故不测[1]),两故化(推行于一)。(第10页)

> 气有阴阳,推行有渐为化,合一不测为神。(第16页)

神妙合一的一个结果是,此处之动可致彼处之效。例如:

> 诚于此,动于彼,神之道与!(第14页)

为了说明这样的神妙合一,张载拿人体作为例子:

---

[1] 张载注。

一故神,譬之人身,四体皆一物,故触之而无不觉,不待心使至此而后觉也,此所谓"感而遂通,不行而至,不疾而速"也。物形乃有小大精粗,神则无精粗,神即神而已,不必言作用。譬之三十辐共一毂则为车[1],若无辐与毂,则何以见车之用![2]（第200页）

三十辐共一毂,对老子来说,毂之中空说明无之用,但对张载来说,重点在于众辐条是由某种无形的东西以一种神妙的方法凑而为一的,恰如人体的各个部分虽然不同,但合起来便成了一个人的身体。天地万物,也是神妙合一者的一部分。在下一章中,我将讨论人如何与神妙合一者合而为一这个话题。

---

[1] 参见《道德经》第十一章,译见Lau, *Tao Te Ching*, p. 67。
[2] 参见Graham, *Two Chinese Philosophers*, pp. 115—116。

第三章

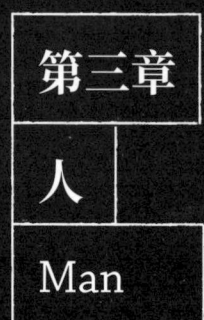

人

Man

绪论

张载认为，天地万物皆由"炁"构成，而"炁"是源自太虚无形之"氣"凝聚而成的。这个基本的理论为张载解决11世纪学者特别关注的两大问题提供了途径：一个是"人性是由什么构成的"，一个是"如果说人性本善，那么世间诸恶源于何处"。

张载的人性论沿袭了孟子的人性论，认为人性本善，这种善性却因为人的欲望和感情而滞阻不显。在认同这一基本立场的同时，张载还发展了一套与其天地观一致的理论。这种理论使他能够将天地与道德联系起来。

张载认为，"性"是二分的。其一，即天性，就是混沌之"氣"性，人与万物共有，它是至善的。其二，即凝聚之"炁"性，是人与万物的个体"秉性"。由于后者能滞阻前者的生发，所以人必须克服秉性的局限，以便认识自身内在的至善。换句话说，一个人既有内在的至善之性，又有滞碍其内在至善的秉性，能不能认识到内在的至善之性，完全取决于他努力与否。为了求得内在的至善之性，就要"学"。

按照张载的说法，学就是学习成圣。这一过程分为两个阶段：在第一阶段，人应当勤勉地钻研经典，并且使自己的行为合乎礼仪规范；在第二阶段，发展演进达到自觉，仁心不断增益，领悟越发透彻，直至圣人之境。按照张载对"学"的定义，孔子的弟子颜回就处在这两个阶段的过渡之处。因此，张载关于颜子的看法,是张载所谓"学"的一个有趣例证。

天性

张载重申了孟子的性善论。不过,张载是通过自己关于"气"的理论,即"气"是宇宙的基本物质推演出这一结论的。

对于他所说的"性",张载并没有详细界定。因为与"气"和阴阳相关联,"性"便成为一个极易构建的概念,以至于没有谁去解释什么是物性。张载所关注的问题,不是"性"由什么构成,而在于人性是由什么构成的,以及它是善是恶。当然,张载的某些论述揭示了他对于"性"的一般看法。例如:

> 未尝无之谓体,体之谓性。[1](第21页)

这就是说:一物之"性"即一物之"体",即物的本质属性,是事物不可或缺的。[2]它也是物与物或人与人之间,得以互应互感的"体"或本源:

> 性者感之体。(第63页)

---

[1] 我对这段文字的解释与Chan, *A Source Book in Chinese Philosophy*, p. 508不同。因为我对张载思想的理解跟他不一样,所以翻译也就不同。Graham, *Two Chinese Philosophers*, p. 39将这段文字的第一句翻译为:"从未缺席的东西(也就是说,存在于所有的转换中),就是所谓的本质。"

[2] 参见张岱年:《中国古代哲学中若干基本概念的起源与演变》,见《哲学研究》,1957年第2期,第67—69页,其中有关中国哲学中"物"这个概念的讨论。

感皆出于性。(第200页)

一个人的本性因而成为他的情感的源泉：

> 情则是实事，喜怒哀乐之谓也……莫非性中发出实事也[1]。(第78页)

因此，张载在使用"性"这个术语时，"性"是就本质或本质属性而言的，它是人和物都不可或缺的；并且它还是每个人或物得以与另一人或物交互感应的源泉。从现在开始，我将用"天性"一词来指称这个概念。

张载认为，这个"天性"在众人和万物中都是一样的：

> 性者万物之一源，非有我之得私也。(第21页)

> 体万物而谓之性。(第64页)

无论是在事物之中，还是在人体之内，它都是不变的本质，不受人或物的所作所为影响：

> 海水凝则冰，浮则沤，然冰之才，沤之性，其存其亡，

---

[1] 《中庸》第一章，译见Legge, *The Doctrine of the Mean*, p. 384。

海不得而与焉。[1]（第19页）

海水凝而成冰或化而为沫，都是其天性使然，海是无法施加影响的。事实上，张载认为这种天性是永恒存在的事物之一：

> 道德性命是长在不死之物也，己身则死，此则常在。（第273页）

因此，天性存在于事物生发之前及其消亡之后。就人而言，在人出生之前，人的天性就已经存在了。这一点可以从下面张载与弟子的一段长谈的摘录中看出：

> 气者在性学之间。（第329页）

这句话的意思并不像其字面上那样晦涩难懂。物理的"炁"，指的是物体由"太虚"凝聚而成的所在、所生。张载此处所指，是一个短暂的演进过程：出乎天性，生而育之，学而习之。随后，在同样的论述中，张载又说：

> 性则宽褊昏明名不得，是性莫不同也。（第330页）

---

[1] 程颐对这段文字或许有同感，所以他想把"与"（"参与"）改为"有"（"拥有"）。他认为这样可以更清楚地表达这一观点："性"的存在是不受人或物的控制的。见《张横渠集》第33页及侯外庐《中国思想通史》第六卷第一章第557页。译者按：程颐改"与"为"有"，事见《河南程氏外书》卷十二："张子《正蒙》云冰之融释，海不得而与焉。伊川改'与'为'有'。"

"宽褊昏明"是就物性而言，至于天性，从另一个方面来说，实际上是超乎此类区分的。它是恒常的，人人如此。

这个在万物之先并且恒久存在的天性是由什么东西构成的呢？从根本上说，应该是阴阳的极性，就是"氣"之天性[1]，只不过张载并没有明确地讲过，似乎人（或物）在出生（生成）之时，就蕴有混沌"氣"之天性。例如：

至静无感，性之渊源。[2]（第7页）

太和为本，寂然杳然，如如不动，但是，由于它自具阴阳极性——这是它的本来天性，所以便生出众象来。因此，这个"天性"便在万物诞生之前和寂灭之后都存在，并成为万物各具的天性。只有这么理解，下面这几段话才能解释得通：

凡物能相感者，鬼神施受之性也。（第19页）

动静阴阳，性也。（第177页）

这些相互对应的概念，都是"氣"之天性的二仪在不同方面

---

[1] 张岱年在《张载集》第4页称天地之性即"气"之性。又见张岱年：《张横渠的哲学》，《哲学研究》，1955年第1期，第115—116页。山根三芳《正蒙》第44页和汤浅幸孙《宋学中的自然与人伦——张载的唯物论》第4页称，"气"之性是指运动和转变的潜力和源泉。不过，侯外庐《中国思想通史》第四卷第一章第557页却说，性与"气"是二分的相对概念。

[2] 钱穆：《宋明理学概述》，台北：台湾学生书局，1977，第56页，对这段文字的解释与我相同，称"至静无感"的天性本原便是"太和"。侯外庐《中国思想通史》第四卷第一章第558页对这种解释持批评态度，他称所谓的"宇宙的实相至高无上"是唯心主义的观点，是佛教的看法。

的表现,而它们也构成了每个事物单独的天性。

张载常常将这个"性"概括为"天性"[1](这里的"天"是指宇宙自发之理),或者称为"天地之性"[2],借以明确它与阴阳二仪一样,带来了万物生发的过程:

> 天性在人,正犹水性之在冰,凝释虽异,为物一也。(第22页)

冰和水处于不同的状态,可是它们都具有"水性",所以其实是同一样东西。同样的,虽然每个事物与其他事物存在着差别,却拥有相同的天性。在上述那段话之后,张载又举了一个例子,这次谈的是不同的物体对光线的反射,虽然某些物体反射的光比其他物体更多一些,照射的光却是一样的:

> 受光有小大、昏明,其照纳不二也。[3](第22页)

虽然受光各不相同,可是"照"的却是同样的光线,正如每一种事物,它所受的天性都是出于阴阳二仪一样:

---

[1] "天性"一词在几部古代文献中都有使用。比如,《礼记》第十一卷第8页,《孝经郑注疏》(《四部备要》本)卷上第7页及《孟子·尽心上》。在本书中,我采用"名词+性"的惯例,如"天性"、"水性"等"名词+性"的句式,来表示事物的广义本质,而"某某之性"则采用"某之气性"的句式。

[2] 关于张载使用"天地之性"一词的例子,参见《张载集》第23页。

[3] 尚不清楚是指水在不同的时间反射不同量的光线,还是指不同的物体反射光的方式不同。不过,无论是哪一种情况,其基本含义是相同的。

> 天性，乾坤、阴阳也。（第63页）

> 所感所性，乾坤、阴阳二端而已。（第63页）

并且，阴阳二仪的极性，与统御天地的理是一回事。所以，张载这样说：

> ……性即天道也。（第63页）

> 性与天道云者，易而已矣。（第10页）

> 天所性者通极于道。（第21页）

在他最著名的《西铭》中，张载写道：

> 天地之帅，吾其性。（第62页）

由此，道德便和天地相关联：上面引用的各段文字，表述虽然各不相同，观点却是一致的，那就是：人性其实与统御天地的阴阳二仪的极性是一样的。下面所引用的，是张载对孟子的名言"知其性则知天矣"[1]所做的解释：

---

[1] 《孟子·尽心上》，译见Lau, *Mencius*, p. 182。

> 知性知天，则阴阳、鬼神皆吾分内尔。（第21页）

这个"天性"——即阴阳二仪的极性——似乎与道德无关。但事实上，葛瑞汉就曾提出：张载认为，"为善就是遵循天性，为恶则与之相反。只不过天性自身不能被称为善"[1]。葛瑞汉所译《张载集》第187页第13行至第188页第1行的原文是这样的：

> 未成天性之前，善与恶是相混的。所持续向善，终将至善。当恶尽除，则善随之消失，因此也就无从言善，而只能说成就了天性。[2]

可是，正如天地自发运行具有道德意义上的善，因为它能生、能养、能依、能正[3]，统御这个过程的阴阳天性，也具有道德意义上的善，因为阴阳二仪的极性也是人的至性，所以张载才可以这么断言：

> 性于人无不善。（第22页）

由此看来，葛瑞汉对《张载集》第187页第13行至第188页

---

[1] Graham, *Two Chinese Philosophers*, p. 46。
[2] 转引自Graham, *Two Chinese Philosophers*, p. 47。
[3] 参见上文第108页。T'ang Chūn-yi, 'Chang Tsai's Theory of Mind and Its Metaphysical Basis,' p. 127, 表达这一观点如下：宇宙的整个存在过程，都是通过相互感应而生化的。物的生化，本身就是具有积极价值的活动，并且还因此显示出其道德品性。

第1行的理解有误。张载所说的"尽性",是指完全发挥出人的潜能。这段话是讲在人完全实现他的潜能之前,善与恶是并存的。一旦他"尽"性,就成了超越善恶的圣人,那么,他也就不能再被称为"善"了。关于这些内容,张载的原文表述是:

> 性未成则善恶混,故亹亹而继善者,斯为善矣。恶尽去则善因以亡(成)[1],故舍曰善而曰"成之者性(也)"[2]。(第187—188页)

因此,这段文字与"人性本善"这一说法并不冲突。

张载用《说卦》中"仁义合诸阴阳而得其天性"的说法来支持自己的人性本善论:

> 天〔地〕人一,阴阳其气,刚柔其形,仁义其性。[3](第235页)

换句话说,仁义乃阴阳的另一种表现,就像动静、刚柔一样。[4]孟子认为,人性本善,因为它具有仁、义、礼、智之端。[5]按照张载的独到之见,人性之所以说是善的,是因为它与阴阳二仪的极性一样,生发出天地运化过程中的道德意义上的善。而

---

1 《张载集》根据《周易系辞精义》对这句话进行了校订。

2 我是按照《张载集》第187页翻译最后一句的,其中张载解释了他是如何解读《系辞》中的这句话的。

3 《说卦下》,译见Wilhelm, *The I Ching or Book of Changes*, p. 264。我在这里不采用《张载集》对这段文字的校订。

4 张载并没有解释"仁"和"义"是如何与其他极性相关联的,它们显然是一个统一体中相反的两极。张载只是按照《周易》的说法,把它们看成互补的二仪罢了。

5 参见《孟子·公孙丑上》。

仁和义的互补，不过是阴阳二仪天性的"亚极性"的表现之一。

人人皆有天性，可是，由于人又各具"秉性"[1]，所以天性常常被荫蔽：

> 天良能本吾良能[2]，顾为有我所丧尔。（第22页）

尽管天性本来是善的，而且是永远存在的，可是，由于它被荫翳或者丧失了，所以它会以潜态的善蕴于人身。要想获得这个潜在的善，人必须认识到自己的仁心。张载用"诚"这个术语来说明这一点。[3]所谓诚，在张载看来，就是"真实"或者"诚恳"——法乎天地，为其所为。换句话说，"诚"就是依本性而行：

> 至诚，天性也……人能至诚则性尽而神可穷矣……（第63页）

> 性与天道合一存乎诚。（第20页）

一个人如果能"诚"——法乎天地而行——他的行为也就合乎天道了，那么，也就意味着他完全遵顺统御天地的阴阳二仪的极性了。这个存之于身的，就是真正的天性。由于这个极性

---

1 参见下文第128—135页。

2 在《孟子·尽心上》中，"良能"被界定为"人之所不学而能者"。译见Lau, *Mencius*, p. 184。

3 见Tu Weiming, *Centrality and Commonality*, p. 105关于"诚"的讨论。

包含着仁义这对"亚极性",所以说遵从天性,就意味着遵循天地运化,也就具有了道德意义上的善了。

总而言之,人人都有道德意义上善的潜能,因为他的天性与道德意义上统御天地运化的天性之善是一样的。可是,人之为人,又各具秉性。这种秉性,即人实在的"炁质之性",它能阻止人去遵循真性而行,所以,要想发挥潜能,就必须懂得秉性是由什么构成的。

"炁质之性"

天性自在且为善的事实,又引出一些根本性的问题。如果人人都具有善的天性,那么恶的来源是什么呢?是什么在阻滞人发挥自己的潜能呢?这些问题以各种不同的形式贯穿于中国哲学全过程。[1]例如,杜维明在其论《中庸》的研究著作中,就该问题阐述了如下观点:"尽管成圣之路有其普遍性和共同性,但为什么只有一些特殊人士能获得成功,这个问题从来没有得到充分的回答。"[2]同样的问题也可在孔子对"仁"(即"仁慈"或者"善良")的论述中看到。一方面,"仁"是他极为推崇的美德;另一方面,他又称"仁"潜藏于人的身体之内,是可以获得的。事实上,孔

---

1 关于这个问题的讨论,参见Wing-Tsit Chan, 'The Neo-Confucian Solution to the Problem of Evil', in *Studies Presented to Hu Shih on his Sixty-fifth Birthday, the Bulletin of the Institute of History and Philology, Academia Sinica*, 28 (1957), pp. 780—782。

2 Tu Weiming, *Centrality and Commonality*, p. 32.

子说:"仁远乎哉,我欲仁,斯仁至矣。"[1]事实是很少有人能达到"仁"的境界。孔子于是又说:"我未见好仁者、恶不仁者。"[2]人们不禁要问,如果"仁"能"至矣",那么为什么孔子没有见到"好仁者"呢?

孟子曾经提出过解决这个问题的方案。他说,人性本善,因为它已具有四个善"端",若任其生发,就会发展成为仁、义、礼、智[3]的道德境界。但孟子又认为,由于人的物欲会窒塞这四大善"端"的生发,因此人就很难成就其潜在的天性。虽然如此,孟子从来没有解释过他所谓的物欲的来源。张载详细阐述了孟子的这一立场,并构建出与其天地观完全一致的理论体系。

按照张载的说法,每个人都拥有相同的天性,可是又与他人相区别,这种个体差异在于"炁"质有别,即这种差异是在混沌之"炁"凝而成器时形成的:

> 人之刚柔、缓急、有才与不才,气之偏也。(第23页)

用张载的话语体系来说,即每个人、每个事物的"炁"质都是不同的。他是这样解释"炁"质的:

> 气质犹人言性气,气有刚柔、缓速、清浊之气也,质,

---

[1] 《论语》第七篇第30章,译见Waley, *The Analects of Confucius*, p. 129。

[2] 《论语》第四篇第6章,译见Waley, *The Analects of Confucius*, p. 103。

[3] 参见《孟子·公孙丑上》,译见Lau, *Mencius*, p. 83。

才也。气质是一物，若草木之生亦可言气质。（第281页）

因此，"炁"质就可以用来解释世上个体特性的差异了：物之所以然，是因为它的"炁"质：

> 大凡宽褊者是所禀之气也，气者自万物散殊时各有所得之气。（第329页）

人对于"炁"质其实是无能为力的，人受"炁"自有其定分：

> 人之气质美恶与贵贱夭寿之理，皆是所受定分。（第266页）

"炁"质所具有的特征和品性，张载称之为"炁质之性"。这种所谓的性，是由作为物体存在的一部分的欲求构成的。这些质性的某些方面是无法改变的：

> 饮食男女皆性也，是乌可灭？（第63页）

这个概念——"炁质之性"——显然是张载的独创，并且对以后的理学家产生了相当深远的影响。[1] 按照张载的说法，"炁质

---

[1] 张载区分自然的物性与超然的天性，与程朱的"理""气"二分相呼应。他们把天性等同于形而上的"理"，把自然的物性等同于形而下的"气"。朱熹说，"气质之性"于圣学最为有益，而这一概念是由张载与二程提出的（《张横渠集》第39页）。Graham, *Two Chinese Philosophers*, p. 49, 则表明"气质之性"这个术语或者说这个概念，其实是由张载提出来的。

之性"既然是人欲之源,也就成了世上的恶之源:

> 攻取,气之欲。口腹于饮食,鼻舌于臭味,皆攻取之性也。[1](第22页)

而这个质性还能阻碍人实现其天性,这一点是张载特别强调的:

> 凡物莫不有是性,由通蔽开塞,所以有人物之别;由蔽有厚薄,故有智愚之别。塞者牢不可开,厚者可以开而开之也难;薄者开之也易,开则达于天道,与圣人一。[2]

天性既存在于人,又存在于物,只是在物或禽兽中被蔽塞得牢不可破,在一些人那里可能被滞塞得比其他人更厉害一些。虽然如此,对于这些人来说,障碍仍然是可以"解除"的。"炁质之性"不仅能蔽塞天性的复现,一个人出生时所受的"炁质之性",还会因为坏习惯的滋长而更加蔽塞天性:

> 性犹有气之恶者为病,气又有习以害之,此所以要鞭(后)〔辟〕至于齐,强学以胜其气习。(第329—330页)

---

1 参见《孟子·尽心下》。
2 《近思录》(《丛书集成简编》本)第一卷第28页。参见Chan, *Reflections on Things at Hand*, p. 34。

如果说陋习竟成痼疾，那么这个人就无可救药了。所以，张载讲解《论语》中的"唯上知与下愚不移"[1]一句时如是说：

> 上智下愚，习与性相远既甚，而不可变者也。（第23页）

一旦"炁质之性"蔽塞了天性，那么人就"为气所使"了：

> 今人所以多为气所使而不得为贤者，盖为不知学。（第266页）

> 某旧多使气，后来殊减，更期一年庶几无之。（第281页）

与天性不一样，"炁质之性"不是永远存在的，它的出现有赖于个体的存在：

> 形而后有气质之性。（第23页）

因此，正如前面所讲的那样，这种"炁质之性"可以通过人的努力来改变：

> 气之不可变者，独死生修夭而已。[2]（第23页）

1　《论语》第十七篇第2章，译见Waley, *The Analects of Confucius*, p. 209。
2　参见《孟子·尽心上》"夭寿不二，修身以俟之"，译见Lau, *Mencius*, p. 182。

> 如气质恶者，学即能移。（第266页）

> 惟其能克己[1]则为能变，化却习俗之气性，制得习俗之气。（第281页）

关于"炁质之性"的论述以下面这段话作为总结：

> 知德者属厌而已，不以嗜欲累其心，不以小害大、末丧本焉尔。[2]（第22页）

这里的"大"和"本"都是指天性，"小"和"末"则是指"炁质之性"。

如果人不为"炁质之性"所使，那么，他就能"反"天性之本：

> 善反之则天地之性存焉。（第23页）

人必须认识到"炁质之性"不是真实、恒常、不可移易的天性。所以，张载继而说：

---

1 参见《论语》第十二篇第1章"克己复礼"，译见Lau, *The Analects*, p. 112。
2 《左传·昭公二十八年》："愿以小人之腹为君子之心，属厌而已。"译见Legge, *The Chinese Classics* v.5, *The Ch'un Ts'ew with the Tso Chuen*, p. 728。译者按：文见《春秋左传注疏》卷五十二。

故气质之性，君子有弗性者焉。[1]（第23页）

换句话说，人性是由两个方面构成的，一方面是天性，是混沌之"氣"所具有的阴阳二仪的极性；另一方面是"炁质之性"，是与物性相关联的种种欲求。明白了这种双重性，下面这段话就容易理解了：

合虚与气，有性之名。（第9页）

这样的论述在学者中引起了相当大的混乱，他们认为这么讲显得有些"滞涩难通"或者"同义反复"。[2]不过可以这样理解："虚"指的是混沌之"氣"；而这里的"气"，指的是物理的、凝聚的"炁"。混沌之"氣"的性就是天性，至于质性则是"炁质之性"。只有将二者都纳入视野，才有可能理解"性"的方方面面。

所以，张载关于人性的理论，为中国哲学的一个根本问题

---

[1] 这段文字存在一些问题。Chan, *A Source Book in Chinese Philosophy*, p. 511, 称"所以，在物性当中，有些东西是君子依其天性所不齿的"，这样的说法就暗含着"因此，君子一定不会把物性看成天性"的意思。

[2] 牟宗三：《心体与性体》，第495—496页，批评这句话为"滞辞"，因为不符合张载思想的真正意思。牟宗三认为，"性"是先于并且区别于"气"的（第444页，第494页）。牟氏的说法是不正确的：他称张载以"太虚"为"性"（第443—444页）。可是，按照张载的说法，天性与阴阳二仪一样，是"太虚"之性，与"太虚"本身并非同一物。此外，牟氏坚持讲"太虚"不是"气"。他认为"太虚"是借"气"来显现的，但和"气"是不一样的（第455页）。这是因为牟氏的立场与程颐的相同（参见下文第234页），把"气"只看成是形而下的，所以牟氏认为张载坚持形而上与形而下两个领域相区别（第459页）。我却认为张载所讲的恰好与之相反，他试图通过他的"气"的概念来统一形而上与形而下两个领域，正如我在前面所解释的那样。

冯友兰《中国哲学史》第二卷第489页解释这段话，说对张载来说，"虚"或"太虚"其实都是以太（"氣"），所以他讲"合虚与气"是同义反复，等于是在说"合气与气"。冯氏忽略了一点，这里的"气"必须被视为物理的"炁"，它跟"太虚"是不同的。译者按：冯氏的这一观点，在后来出版的《中国哲学史新编》中已有改变，所以这里不作为冯氏原文引出。

提供了答案。葛瑞汉很好地解释了这个问题:"……在关于人性的讨论背后,常常有一个'为什么我非得去做我不想做的事'的问题,它的答案通常是:'因为我最终是想去做的,因为想的心理活动源于对我的天性的理解。'但是,这与日常经验相矛盾,就是一般所谓向善向恶都是天性,是与生俱来、不受外界影响的。"[1]张载通过他完全统一的天地观,对这个问题给予了回答。混沌之"氣"性是完美的,并且被每个人和每个事物作为真实本性保存下来。但是,一旦"氣"凝而成器,人或物却又各自获得"氣质之性",就会蔽塞其对天性的认知。这个"氣质之性",不同的物体各不相同,蔽塞的程度也不一样。每个物体,无论被蔽塞得如何严重,都有能力决定他是否能克服"氣质之性",以成就其潜在天性。因此,张载对《论语》"子曰:君子上达,小人下达"[2]的解释,所用的一套说辞就在于对二者做出抉择:是成就自己的天性呢,还是放任物性荡而不返?

上达反天理,下达徇人欲者与?(第22页)

按照张载的说法,人应当克服"氣质之性",且由"学"而"上达"。

---

[1] Graham, *Two Chinese Philosophers*, p. 44.
[2] 《论语》第十四篇第23章,译见Legge, *Confucian Analects*, p. 285。

学

制服恶"炁"

吕与叔资美,但向学差缓,惜乎求思也〔褊〕,求思虽〔犹〕似褊隘,然褊不害于明。褊何以不害于明?褊是气也,明者所学也。(第329页)

在这段评述弟子的文字中,张载强调了两个重点。"炁"质之恶如偏狭之类,并不妨碍一个人达到"明",因为"明"是可以通过学来获得的。人既然能够获得"明",也就不用管是否有恶"炁",因为学具有移易"炁"质的力量:

为学大益,在自(能)〔求〕变化气质,不尔〔皆为人之弊〕,卒无所发明,不得见圣人之奥。故学者先须变化气质,变化气质与虚心相表里。[1](第274页)

张载反复强调人可以通过学来移易"炁"质:

领恶而全好者,其必由学乎!(第24页)

---

[1] 我在这里不采用《张载集》对这段文字的校订。

> 如气质恶者，学即能移。（第266页）

> 苟志于学，则可以胜其气与习。（第330页）

虽说恶的"炁"质阻滞人实现潜在的天性，却并非不可克服，所以，一旦人决心致力于挖掘自身潜在的天性，那么阻滞就不足为虑了，唯一的问题就是看志如何：

> 有志于学者，都更不论气之美恶，只看志如何。（第321页）

一个人必须坚定自己的意志，因为"明"是一个长远的目标，否则学也是枉然：

> 人若志趣不远，心不在焉[1]，虽学无成。（第375页）

总之，"炁"质是可以移易的，但要做到这一点，必须持之以恒、勤学不已。

何谓学

那么，学是什么意思呢？张载说，学就是"正心"：

---

1 参见《大学》第七章。

> 为学所急，在于正心求益。（第375页）

"学"——"正心"——因此具有广义上的"修身"之意，而从最广泛的意义上来说，学就是"立"：

> 学者当须立人之性[1]。（第321页）

正如人们想象的那样，学习是一件复杂的事情，张载对此大有话说。他认为学习的过程可以分为两个阶段：

> 由学者至颜子一节，由颜子至仲尼一节，是至难进也。二节犹二关。（第278页）

张载认为，对于始学之人来说，道心惟微，不应该即时昭示：

> 今始学之人，未必能继，妄以大道教之，是诬也。（第31页）

因此，教育始学之人与学有所成者必须有所差别：

> 道初亦须一意虑参较比量，至已得之，则非思虑所能

---

[1] 参见《孟子·离娄上》"不得乎亲，不可以为人……"，译见 Lau, *Mencius*, p. 1。

致。（第280页）

换句话说，始学之人必须积极勤勉地求索。然而，到了第二阶段——从颜子到孔子——却又不一样。正如前文中的后半句，这个阶段包括获得一种直觉，即"非思虑所能致"；一种感悟，使人进而成为完人，即圣人。

除了将这两个阶段描述为"由学者至颜子"与"由颜子至仲尼"之外，张载还将这两个阶段说成是"始成大人者"和"大而就圣者"：

> 若大人以上事则无修……故尝谓大可为也，大而化不可为也……盖大人之事，修而可至，化则不可加功，加功则助长也。[1]（第76—77页）

第二阶段的目标在于成圣，但是朝着这一目标的进展只能是自然生发。与之相比，在第一阶段由始学之人进而至于"大人"，却是可以黾勉修为而至的。张载十分强调这一点：

> 盖大则犹可勉而至，大而化则必在熟[2]，化即达也。（第216页）

> 始则须勉勉，终则复自然。（第266页）

1　《孟子·公孙丑上》记载有宋之愚人揠苗助长的故事。
2　参见《张载集》，第77页。张载的说法是，转变是通过"成熟的人性"发生的。

因为凭着勤勉用功即可达到"大人"之境,所以张载一再敦促弟子们勤勉勿懈:

> 大抵语勉勉者,则是大人之分也,勉勉则犹或有退,少不勉勉斯退矣,所以须学问。(第77—78页)

> 学者有息时,一如木偶人,牵搐则动,舍之则息,一日而万生万死。学者有息时,亦与死无异,是心死也。身虽生,身亦物也。天下之物多矣,学者本以道为生,道息则死也,终是伪物,当以木偶人为譬以自戒。知息为大不善,因设恶譬如此,只欲不息。(第267—268页)

人与物都是"炁",且都有天性与"炁质之性"存之于身。虽然如此,只有人才能克服"炁质之性"的蔽塞,识得内在蕴藏的天性。如果做不到这一点,只不过别为一"物"而已。

所以,至关重要的是,一个人必须坚持学习,直到达到和孔子一样的境界,能够遵循天性而不至于迷失:

> 自非成德君子必勉勉,至从心所欲不逾矩[1]方可放下。(第375页)

---

[1] 参见《论语》第二篇第4章,译见Lau, *The Analects*, p. 63。

所以，始学之人必须勤勉于学，锲而不舍，同时还必须不耻下问：

> 学者有所不知，问而知之……如孔子之盛德，惟官名礼文有所未知，故其问老子、郯子。[1]（第280页）

有人也许认为问学有失体面，但是，自傲于人而不师之，会导致严重的后果：

> 人多以老成则不肯下问[2]，故终身不知。又为人以道义先觉处之，不可复谓有所不知，故亦不肯下问。从不肯问，遂生百端欺妄人。（第376页）

对于学，张载采取的是一种非常实际的态度。他认为，只要请教得当，就一定能从他人那里获益：

> 于不贤者犹有所取者，观己所问何事，欲问耕则君子不如农夫[3]，问织则君子不如妇人。（第267页）

1　参见司马迁：《史记》（《四部备要》本），第六十三卷第1页。《左传·昭公十七年》，见《春秋经传引得》，《哈佛燕京学社汉学引得》特刊第11号，第一卷第393页。

2　参见《论语》第五篇第15章。

3　参见《论语》第十三篇第4章"樊迟请学稼，子曰：吾不如老农"，译见Lau, *The Analects*, p. 119。不过，孔子认为务农非君子之务，所以在这一段话的末尾，孔子说："焉用稼？"

问学之外，与友人相与析疑，对学习也很有益处[1]：

> 惟与朋友燕会议论良益也。（第272页）

治学则须勤勉于学，既不懈地努力，还要多向可以帮助自己的人请教，与友人相与析疑。因为学是一件严肃的事，不能以浅尝辄止或三心二意的心态去对待。

> 义理之学，亦须深沉方有造[2]，非浅易轻浮之可得也。（第273页）

张载因而提醒师从他的弟子们学不可嬉，学习是一种持续的追求，必须非常严肃地全身心投入：

> 戏谑直是大无益，出于无敬心。戏谑不已，不惟害事，志亦为气所流。（第280页）

总之，治学必须以严肃的态度对待，决然果敢，虚心向他人请教。但是，张载要求师从他的弟子们孜孜以求的是怎样特殊的内容呢？

1　参见《论语》第十二篇第24章。
2　张载把"义理"作为德性的常用术语，参见《张载集》第276、278页。这段话中的"造"是"结果"或"完成"的意思，参见《张载集》第76页。

学什么

(一) 礼

张载倡导礼[1]，视之为入学的最佳门径：

> 进人之速无如礼。（第265页）

张载认为，如果问学者能约束其行为，合之于礼，他的"炁"质就会移易：

> 使动作皆中礼，则气质自然全好。（第265页）

而且，礼还可以除去一个人已经养成的一些不良习气。张载借用一个比喻来说明这一点：陋习如同藤条，缠绕着阻滞人向上长进：

> 某所以使学者先学礼者，只为学礼则便除去了世俗一副当世习熟缠绕。譬之延蔓之物，解缠绕即上去，上去即是理明矣。（第330页）

---

1 "礼"原指在祭祀和葬礼中具体规定的行为。孔子发展了礼的意思，用它来指典礼仪式上的行为规范：严肃、庄重，与自己的角色相配，并与其他参与者的行为协调。参见Herbert Fingarette, *Confucius—the Secular as Sacred* (New York: Harper, 1972), esp. pp. 1—18。

换句话说，像藤条般缠绕的那些"炁"与习，蔽塞着人的天性，使之难于生发。

在下面这段话中，张载解释了为什么礼能解除对天性的"缠绕"：

> 礼所以持性，盖本出于性，持性，反本也。凡未成性，须礼以持之，能守礼已不畔道矣。（第264页）

礼源自天性，依其仪轨便可以尽人之天性。因为天性、阴阳都是统御天地运化的，所以张载又说礼是本乎天地的：

> 礼即天地之德也。（第264页）

在这里，道德再次与天地联系起来：人执礼，就是从其天性，法乎天地。因此，张载非常重视礼，这是他同时代的学者所熟知的，比如，程颐就这样评价他：

> 子厚以礼教学者最善，使学者先有所据守。（第336页）

当听到张载的死讯时，司马光叹道：

窃惟子厚平生用心，欲率今世之人，复三代之礼者也。[1]

（第387页）

（二）书

张载说，学人首当攻书。但这并不是说见书即读。对于应该读什么书，张载的态度是很明确的。他认为，史、集二部，没有什么大用，至于佛经道籍，更是一无是处：

> 尝谓文字若史书历过，见得无可取则可放下，如此则一日之力可以了六七卷书……如文集、文选之类，看得数篇无所取，便可放下。至《道藏》《释典》，不看亦无害。（第278页）

观史胜于游赏，但游心经籍义理之间则更为有益：

> 观书且勿观史……然观史又胜于游，山水林石之趣，始似可爱，终无益，不如游心经籍义理之间。（第276页）

初学经籍的学人，还应当记诵，以确保践履其理：

> 经籍亦须记得，虽有舜禹之智，〔吟〕而不言，不如聋

---

[1] 朱熹却因此对张载持批评态度，认为他隆礼过甚。见Chan, *Reflections on Things at Hand*, p. 49。

盲之指麾。故记得便说得，说得便行得，故始学亦不可无诵记。[1]（第277页）

但是，经籍既长又难，所以学人最好专注于学习《论语》《孟子》，那样效果才会更好：

> 要见圣人，无如《论》《孟》为要。《论》《孟》二书于学者大足，只是须涵泳。（第272页）

可以看出，张载认为，应当把精力集中在《论语》《孟子》之类的经籍上，而且，跟同时代的许多人一样，他认为学者应当求索的是这类著作中的常理：

> 观书必总其言而求作者之意。（第275页）

学人不应陷入经籍注疏之类的泥淖中，因为阅读经籍并不是最终目的，只不过是达其常理的一种途径。为阐明此意，张载打了一个有趣的比喻：

> 观书且不宜急迫了，意思则都不见，须是大体上求之。言则指也，指则所视者远矣。若只泥文而不求大体则失之，

1　此处从《张载集》的校订。

是小儿视指之类也。常引小儿以手指物示之，而不能求物以视焉，只视于手，及无物则加怒耳。（第276页）

简而言之，学人必须使自己的行为符合礼仪规范，以便保持自己的天性，故而必须研习经籍，以便寻求其中所蕴含的常理。

疑问

在这一点上，张载的辨析很圆融。他说人应当观书以获得常理，但他也提到，假如不是对常理已然有所得的话，人可能会被经籍所迷惑：

> 人之迷经者，盖已所守未明，故常为语言可以移动。已守既定，虽孔孟之言有纷错，亦须不思而改之，复锄去其繁，使词简而意备。（第277页）

当然，问题在于张载说获得世间常理的途径是研读经籍，可是，如何去除书中的冗余部分呢？对于这个问题，我们可以从下面的引文中看出答案。张载对错讹为什么会串入古籍做了解释：

> 既有草书，则经中之字，传写失其真者多矣，以此《诗》《书》之中字，尽有不可通者。（第284页）
>
> 孟子方辨道，故言〔自〕得（造）深〔造〕，作记者必不知

内，且据掠浅知。(第333页)

不过，如果这类经籍是不可靠的，人们如何获得纠正它们的洞察力呢？

成就之道

(一)"此心"

张载认为，依照两个基本的假设，一个人可以获得这种洞察力。假设之一，是他同时代人的共识，即道是一以贯之的。张载在下面这段话中着重指出了这一点：

> 有言经义须人人说得别，此不然。天下义理只容有一个是，无两个是。(第275页)

假设之二，是人的内心中已经具有识得这个一贯之道的直觉能力。问学的第一阶段，就是移易其"炁"质与涤除陋习影响的过程，目的在于获得"心悟"：

> 学贵心悟，守旧无功。(第274页)

这里的"心悟"意味着学人发现了蕴藏于内心的直觉能力。这一发现标志着向学习的第二阶段过渡，即进入自觉的进程，迈向成圣之途了。

有时，张载用"此心"来指代与生俱来的获得"道"的能力。他所谓的"此心"，是难于发现，却易于丧失的：

> 人须(当)〔常〕存此心，及用得熟却恐忘了……立得此心方是学不错。(第266页)

> 求心之始，如有所得，久思则茫然复失，何也？夫求心不得其要，钻研太甚则惑……求之太切，则反昏惑，孟子所谓助长也。[1](第269页)

"此心"就是正确的理解能力：它虽时常显现，却也常为"忿"与习所蔽塞，所以学人必须黾勉求索。不过，由于它是学人自身具备的一种直觉能力，学人如果过于坚定地寻求它，就会变得混乱。因此，不应蓄"意"去寻找那个"此心"，它必须是自发的。张载解释说，他那个时代的人之所以不如古人，就是因为他们"存意"了：

> 盖欲学者存意[2]之不忘，庶游心浸熟，有一日脱然如大寐之得醒耳。(第376页)

1　见本书第140页注1。
2　我这里解释"意"，同时含有"意、必、固、我"(《论语》第九篇第4章)中那个"意"的负面含意。Chan, Reflections on Things at Hand, p. 82, 与我的解释完全不同。

人如果过于焦虑或思之过甚，那么他就肯定无缘"此心"了：

> 学者言不能识得尽，多相违戾，是为无天德[1]，今颦眉以思，已失其心也。盖心本至神，如此则已将不神害其至神矣。（第275页）

"心本至神"——心原本就具有一种区别是非、识得世间之理的本能。然而，如果一个人因为太多对外在表象的认识而掩盖了这种本能，他就会失去这种本能，这就是以"不神"害"至神"。

"此心"的反面，就是"成心"——已经被固化了的意和念——有时，张载称之为"意、必、固、我"[2]：

> 意、必、固、我，一物存焉，非诚也；四者尽去，则直养而无害矣。（第28页）

> 今人自强自是，乐己之同，恶己之异，便是有固、必、意、我。（第272页）

> 成心忘，然后可与进于道。（第25页）

---

[1] 具有"天德"，也就意味着行为与天地自觉的运化相合。
[2] 《论语》第九篇第4章。

> 成心者，意之谓与！（第25页）

这些文字所讨论的，是与"此心"相对立的僵硬的"成心"。除非学人除去"成心"，否则他就发现不了"此心"。

有些谈论心的文字可能不太好理解，这是因为张载有时并没有明确区分他所指的究竟是"此心"还是"成心"。弄懂了张载有时用"心"指掌握"道"的直觉本能——即"此心"，有时又指僵硬刻板习成的品性——即"成心"，那么，下面的文字就不难理解了。比如：

> 心存无尽性之理。（第26页）

换句话说，如果不移易这种"成心"，就不可能成就潜在的天性。与此相反，下面所引的文字则是就"此心"而言的：

> 大其心则能体天下之物。[1]（第24页）

张载所谓的"此心"，跟理学家的概念是有差别的，后者还有心即理的意思，他们讲的是人要"明心"，即人需要寻找自蕴

---

[1] 这句话中的"体"不太好理解。朱熹认为它的意思是："此是置心在物中，究见其理。"见张载《张子全书》《国学基本丛书》本）第46卷。"体"类似于欧文·巴菲尔德（Owen Barfield）所谓的"参与"，见Owen Barfield, *Saving the Appearances: A Study in Idolatry* (New York: Harcourt, n.d.)。他解释"参与"是："一种不能再现的洞悉，一种感知者和表征之间的超验关系。"（第34页）进而说："参与，是人与物象间的超验关系。"（第40页）

的理。[1]在下文中,张载的观点与他们的大致接近:

> 今既闻师言此理是不易,虽掩卷守吾此心可矣。凡经义不过取证明而已,故虽有不识字者,何害为善!(第277页)

这段话似乎意味着,人只要内求诸己,就足以寻得"此心"。但对张载来说,其目的在于得"道"。这段话的关键在于,它说明正是"此心"让人达到这个目的,经籍不过是一种方法,尽管是最好的方法,但也只是用来激发能够悟"道"的直觉能力,因为心虽非"道",却能明"道":

> 有谓心即是易,造化也,心又焉能尽易之道!(第206页)

换句话说,并不是"万物皆备于我"[2],反而是"备于我"的东西事实上一直就在那里,即"此心"——那种识万物、明道理的能力。那些经籍文章,简而言之,不过是寻求和持有"此心"的最佳途径罢了:

> 盖书以维持此心,一时放下,则一时德性有懈,读书则此心常在,不读书则终看义理不见。(第275页)

1　参见上文第61—63页。

2　《孟子·尽心上》,译见Lau, *Mencius*, p. 182. 参见《张载集》,第33页。

(二)"虚心"

有时,张载称这种最初的直觉能力——"此心"——为"虚心"。在张载的哲学体系中,"虚"的意思是指非物质的存在,与"太虚"相关联,且具有公正与无私的含义。[1]"此心"便具有"虚"的内涵,关于这一点,我们可以从下面所引的几段文字中看出:

> 太虚者心之实也。(第324页)

> 人私意以求是未必是,虚心以求是方为是。(第279页)

> 心既虚则公平,公平则是非较然易见,当为不当为之事自知。(第280页)

这种"虚心"是持平中正的,并且因为这个缘故,它对事物的判断肯定是准确的,但回归这个"虚心"很难:

> 心之不能虚,由有物榛碍。(第325页)

而且,由于"此心"的这种状态,人不应该"有心"去求这个"虚心":

---

[1] 参见上文第105—106页。

> 今有心以求其虚，则是已起一心，无由得虚。（第269页）

"虚心"必须是自发呈现的，只是它的呈现又往往会被"成心"的四种质性所滞阻。这些质性应当被去除，只有当它们被消除时，心才能虚：

> 毋四者则心虚，虚者，止善[1]之本也。（第307页）

一旦四种质性被消除，心已至虚，人便可以从经籍的错讹文字中洞悉、区别出其中的道理。上文部分引用的段落是这样总结的：

> 便是有固、必、意、我，无由得虚。学者理会到此虚心处，则教者不须言，求之书，合者即是圣言，不合者则后儒添入也。（第272页）

所以，寻求"此心"或者说"虚心"，可以帮助学人解决一个难题：将那些大量的经籍"删汰冗余"，然后从中探得世间真理。

（三）"德性所知"

对这个问题的另一说法如下面引用的文字所述：

---

1 《大学》第一章讲人应该"止于至善"。参见《张载集》，第332页。

> 贞明不为日月之所眩,贞观[1]不为天地之所迁,贞观贞明,是己以正而明日月、观天地也。多为日月之明与天地变化所眩惑,故必己以正道观之。(第210页)

换句话说,学人的目的在于识得天地之象,但是如果没有得到"贞明"和"贞观",那么这些现象或许会致其眩惑。因此,张载说:

> 所以不眩惑者何?正以是本也。本立则不为闻见所转。(第210页)

所以说,人必须寻求"贞明",一种"不为闻见所转"的理解力。张载把它形容成一种使人识得"此心"或者"虚心"的能力,他称这种理解力为"德性所知"[2],认为这是较"见闻之知"层次更高的一种知识形态:

> 人谓己有知,由耳目有受也;人之有受,由内外之合也。知合内外于耳目之外,则其知也过人远矣。(第25页)

通常来讲,当内在的感知能力——心——通过感官与外界物象接触时,就获得了知识。不过,心也能直接理解事物的常

---

1 "贞明"与"贞观",出自《系辞下》第1段。
2 "德性"应该是指天性。不过,张载并没有特别说明这种关联。此词出自《中庸》第二十七章。

理，而无须借助感官。这种认知，远胜于普通的感知，便是"德性所知"：

> 世人之心，止于闻见之狭……见闻之知，乃物交而知，非德性所知；德性所知，不萌于见闻。（第24页）

人如果将获取知识的途径局限于感官，那么就无法获得更高形态的知识了：

> 人病其以耳目见闻累其心，而不务尽其心。（第25页）

> 安于见闻则为下愚。[1]（第307页）

因此，由道德至性获得的知识，既不是从观察天地中得来的，也不是从读书中得来的。虽然如此，读书与仰观俯察毕竟是获得知识的重要途径。它们是指引我们悟"道"的向导，会让我们触及自身内在蕴藏的那种可以寻"道"的直觉能力。一旦我们就此获得了"德性所知"，也就验证其为有效的途径：

> 闻见不足以尽物，然又须要他……若不闻不见，又何验？（第313页）

---

1 《论语》第十七篇第2章，译见Waley, *The Analects of Confucius*, p. 209。

> 故人有见一物而悟者，有终身而悟之者。（第313页）

可见，"悟"的潜能——发现"此心"与获取"德性所知"——是藏于各人心中的，至于经籍与世间万象，不过是助人开悟的途径。

进入第二阶段

人之所求，结穴在于识得道德意义上的理，即悟"道"，人人皆可凭"此心"相随，凭借直觉的本能去获得它，只是这种领悟能力是不可授受的，哪怕具有这种领悟能力的人能做些指导，但最终想获得还需自致。关于这一点，我们从下面这段话中可以看出来：

> 凡致思到说不得处始复审思明辨，乃为善学也。若告子[1]则到说不得处遂已，更不复求。（第377页）

"此心"内在于我，师言经论，都是为了帮助我们去发现它，毕竟，每个人最终都只能靠自己去发现它。但是，只是因为"悟"是如此难以实现，所以很多人都像告子那样——一到关键处便主动放弃了。张载把这个过程比喻为爬山爬到陡峭之处：

1　告子为孟子同时代之人，孟子批评他主张人性无善无恶说，而且认为"义"是外在的。参见《孟子》之《公孙丑上》《告子上》。

> 今人为学如登山麓，方其迤逦之时，莫不阔步大走，及到峭峻之处便止，须是要刚决果敢以进。(第283页)

翻越"峭峻之处"——换句话说就是寻得"此心"——也就标志着要向第二阶段这一学习的更高阶段转变。第一阶段要求不懈地努力——用礼规范行为、请教问题、师友切磋、习诵好的经书——以此除去"气"质和陋习的蔽塞。等这些都去尽了，便是寻到了"此心"，然后开始向成圣之途迈进：

> 消则有长，不消则病常在，消尽则是大而化之之谓圣。[1](第130页)

所谓"化"，就是成圣：

> 大人成性则圣也化，化则纯是天德也。(第76页)

所以，一旦寻得"此心"，人就进入了学习的第二阶段。一旦人尽其性——全然识得其潜能——成圣了，这个阶段的努力便有了结果。

---

1 《孟子·尽心下》，译见Lau, *Mencius*, p. 199。

知止

为了尽其性并且入"化",就应当在去妄之后,在"此心"发动之处自"止"和自"定"[1]:

> 妄去然后得所止,得所止然后得所养……(第28页)

"得所养"的正是"此心",但是,因为它很难寻到,学人必须谨慎对待,未得之时,自己就要承认没有得到,否则,就会"止"于错处。张载在解释《周易》"蒙"(年轻懵懂)卦时,很明确地表达了这个意思。他释这一卦的卦辞是:"险而止,蒙。"[2]张载用这个例子来阐明他对于学习的看法,并且再次把告子作为反面教材:

> 险而止,蒙。夫于不当止而止,是险也。如告子之不动心[3],必以义为外,是险而止也。(第85页)

告子不知义,当然就不能得到"此心",哪怕他有"不动心",也只表明他"止"在了不该停的地方。这种"止"是危险的:一个人只有在他真正得到"此心"时,才当"止"。可是,一旦得之,必坚执之,如若不然,则或移之。假如未尽其性,则仍有迷

1　参见《大学》第二章:"知止而后有定。"
2　Wilhelm, *The I Ching or Book of Changes*, p. 406。
3　参见《孟子·公孙丑上》。

途之虞：

> 移人者莫甚于郑卫，未成性者皆能移之，所以夫子戒颜回也。[1]（第263页）

郑卫的淫邪之声颇能移人情志，若未尽其性，纵然贤如颜回也会迷途。因此，学人必须付出艰辛的努力：一定要以告子为鉴，以免"止"在错处，一旦迈上正途，就应当坚定自执，以免移易不定而迷失：

> 定然后始有光明。若常移易不定，何求光明？……止乃光明。故《大学》定而至于能虑。[2]

就拿登山至陡峭之处来作比，这样的探索就很有空间感。在这里，"此心"的演而发动之处，就可以说成是找到一个当止之处，然后在那个地方坚自执之。这里的当止之处，也就是"中"[3]之所在：

> 居大中安止之地。（第75页）

---

1 孔子对颜回说："放郑声……郑声淫。"《论语》第十五篇第11章，译见Lau, *Analects of Confucius*, pp. 133—134。

2 《近思录》第162页。参见Chan, *Reflections on Things at Hand*, p. 152。

3 "中"在中国哲学里是一个重要的概念，有多重含义。事实上，有关"中"的讨论已经超出了本书的研究范围，可以参见Tu Weiming, *Centrality and Commonality*, pp. 10, 20, 对这个概念的进一步讨论。

孔子、文王、尧、舜，皆则是在此立志。此中道也，更勿疑圣人于此上别有心。（第267页）

所以，到达"此心"演而发动之处，就是"中"了。学人应当自"定"，允执不移。

大"此心"

一旦在"此心"发动处坚自执之，其必将进而至于自我生发的阶段。在上文部分引用的那段话中，张载写道：

> 若大人以上事则无修……直待己实到穷神知化[1]，是德之极盛处也。（第76—77页）

这种"穷神知化"——即成圣——的自我发动过程，是很难言传的：

> 大人与圣人自是一节妙处。（第76页）

从第二阶段开始便是朝"大人"努力：成圣才是第二阶段的最高境界。可是，二者之间的差别又很难说清楚，只有那些已经寻得"此心"的人，才能觉察到他与圣人之间还存在多大的

1　《系辞下》第3段。

差距：

> 大与圣难于分别……有人于此，敦厚君子，无少异圣人之言行，然其心与真仲尼须自觉有殊，在他人则安能分别！当时至有以子贡为贤于仲尼者，惟子贡则自知之。[1]（第77页）

张载描述成圣的过程——即学习的第二阶段如下：

> 人能以大为心，常以圣人之规模为己任，久于其道，则须化而至圣人，理之必然。（第77页）

张载有几次谈到人应当"大其心"，以便容纳世间万物之理。例如：

> 盖所以求义理，莫非天地、礼乐、鬼神至大之事，心不弘则无由得见。（第276页）

"大其心"与"弘其心"，二者都是指开拓智慧的过程。一个人只要能借"此心"洞悉世间物态运势，便是"大其心"，从而使之含容，广而又广。

---

[1] 《论语》第十九篇第25章。子贡，孔子的弟子。

> 心大则百物皆通，心小则百物皆病。悟后心常弘……（第269页）

> 大其心则能体天下之物。[1]（第24页）

对一个人来说，就圣即顺从天性：

> 贤人当为天下知，圣人当受命。虽不受知、不受命，然为圣为贤，乃吾性分当勉耳。（第310页）

虽然如此，人没能成圣成贤，都是因为没有识得本性之真，正因如此，获得知识或者智慧，才是问学的当务之急：

> 惟智则最处先，不智则不知，不知则安能为！（第287页）

所以，一个人要想去除陋习及其恶"忢"，就要用礼仪去规范、向书本学习、请益求教和持论析疑，以便最终寻得"此心"，达于化境，从而获得直觉天地至理的能力。大"此心"，使其运用于越来越宽广的领域，直到识得天性与"道"理：

---

[1] 参见上文第151页。

> 天道即性也，故思知人〔者〕不可不知天¹，能知天斯〔能〕知人矣。〔知天〕知人，与"穷理尽性以至于命"同意。²（第234页）

换句话说，真做到了"知人"，也就意味着成圣，因为能知人，也就懂得了人的天性本源于天"道"的道理。人要是能明白这一点，就能顺从天性的生发，也就意味着已然"尽性"了——他全然识得自己的潜在能力，进入圣人化境，顺应天地而动。

> 化之实何施？³《中庸》曰"至诚为能化"，《孟子》曰"大而化之"，皆以其德合阴阳，与天地同流而无不通也。⁴（第219页）

在这里，张载再次将道德与天地联系起来：人"大其心"以至于"与天地同流"，其举止便完全合乎天地运化的过程，自我生发、纯乎至善了。

得"自明诚"

人如果能"大其心"——拓展其智慧——就是在向尽天性迈进了。张载当然知道，反其道而行之也是有可能的——先成就其天性，并由此识得世间至理。张载将第一种途径，即先增益

---

1   参见《孟子·尽心上》"知其性则知天矣"，译见Lau, *Mencius*, p. 182。
2   引文出自《说卦上》。我在这里不采用《张载集》对这段文字的校订。
3   从字面上看，应该是："运化的实际效用是什么呢？"
4   《中庸》第二十三章，译见Legge, *The Doctrine of the Mean*, p. 417；《孟子·尽心下》，译见Lau, *Mencius*, p. 199。

其智,描述为"自明诚",而后者则为"自诚明"。[1]如前所述:一个"诚"的人,是一个已经成就其天性的人,"明"则是指全然识得世间至理的状态。张载论述这两种途径的关系如下:

> 须知自诚明与自明诚者有异。自诚明者,先尽性以至于穷理也,谓先自其性理会来,以至穷理;自明诚者,先穷理以至于尽性也,谓先从学问理会,以推达于天性也。(第330页)

两种途径都有可能识得世间至理,只不过张载更倾向于"自明诚"——穷理以至于尽性,所以,他劝告弟子们致力于穷理:

> 学者须是穷理为先。(《张横渠集》第298页)

> ……故先穷理而后尽性。(第234页)

"自明诚"也是张载本人所认可的途径。举例来说,前面所引那段文字得出的结论便是:

> 某今亦窃希于明诚,所以勉勉安于不退。(第330页)

---

[1] "自明诚"和"自诚明"出自《中庸》第二十一章。

他的弟子们觉得,张载已经达到了这个目标。张载辞世后,弟子们希望为其谋得"明诚夫子"[1]的谥号,却没能成功。

入室

因为人之天性内蕴于身,所以人的目标就应该是促其生发,以便全然识得潜在的能力。唯有达到这种境界的历史人物才能得到称誉,就算是孔子也不例外:

> 家中有孔子真,尝欲置于左右,对而坐又不可,焚香又不可,拜而瞻礼皆不可,无以为容,思之不若卷而藏之,尊其道。(第289页)

学人所面对的,是漫长而艰难的求索过程,而其所致力求索的,却是一个遥远而模糊的目标。尽管如此,他仍应该坚持,因为他自具天性。可事实上,学人虽然知道天性内在于己,却仍然很少有人能意志坚定。考虑到存在这个问题,张载努力表达下面这样的意思:一旦获得真知,个中愉悦妙不可言:

> 某学来三十年,自来作文字说义理无限,其有是者皆只是亿则屡中[2]。

> 譬之穿窬之盗,将窃取室中之物而未知物之所藏处,

---

1 《龟山集》第八十九卷第11页,《张载集》第388页。
2 参见《论语》第十一篇第18章。

或探知于外人,或隔墙听人之言,终不能自到,说得皆未是实。观古人之书,如探知于外人,闻朋友之论,如闻隔墙之言,皆未得其门而入,不见宗庙之美[1],室家之好。

比岁方似入至其中,知其中是美是善,不肯复出,天下之议论莫能易此。(第288页)

学习的目的,在于入室。尽管达到那种境界绝非易事,但仍然值得学人黾勉以求。而入室的最佳典范,便是孔子的弟子颜回。

颜回

张载常常在他的著作中谈到颜回。他认为颜子的一生,就是习以成圣这一过程的最佳典范。按照张载的描述,颜回恰好就处在由初学者向圣人"化"的关键之处。与初学者,其实是与大多数人相比,颜子已然过之甚远。为了说明这一点,张载对《系辞》中的"不善未尝不知,知之未尝复行"[2]做了独特的会解。张载对这句话的解释是,颜子不仅认识到了自身的不足,而且还知道大家可能会犯的所有错误:

孔子称颜子"不善未尝不知,知之未尝复行",其知不

---

1 《论语》第十九篇第23章。
2 《系辞下》第4段,译见Wilhelm, *The I Ching or Book of Changes*, p. 342。

善，非独知己，凡天下不善皆知之，不善则固未尝复行也。(第224页)

颜子的不足之处，只是其思想偶尔会误入歧途，仅此而已：

《易》曰"有不善未尝不知"，颜子所谓有不善者，必只是以常意有迹处，便为不善而知之，此知几也。[1] (第223页)

尽管他知道"天下不善"，并且对自己存思不当处也已经了然于心，但颜子终究未能成圣。因此，前面所引段落虽然称赞他"知几"，结论却是：

于圣人则无之矣。(第223页)

意识到颜子与圣人相比仍然存在不足，张载修正了他早期的那些溢美之词，认为彼时对颜子的评价过高：

昔谓颜子不迁怒为以此加彼，恐颜子未至此地，处之太高，此则直是天神。颜子未必能寂然而感。故后复以为不迁他人之怒于己。不贰过，不贰己之过，然则容有过，但不

---

[1] 《系辞下》第4段对于"几"的界定是："……几者，动之微，吉（凶）之先见者也。"（译见Wilhelm, *The I Ching or Book of Changes*, p. 342）。我此处从《张载集》的校勘。

贰也，圣人则无过。[1]（第317—318页）

"寂然而感"意味着纯然公正客观地对外界做出适当的反应。颜子可以避免迁他人之怒于己的过失，但是，他仍难免迁怒——他的主观情绪——于他人，所以，他仍然未能达到圣人纯然客观的境界。

因为其思想中仍有"过"的痕迹，并没有达到纯然客观的境界，所以颜子的心中仍然存在一些"粗"处：

> 学不能推究事理，只是心粗。至如颜子未至于圣人处，犹是心粗。（第274页）

既然"心粗"，也就意味着"此心"还没有拓展到取代"粗处"的境界。按照张载的说法，颜子之所以还存在"心粗"，是因为他还"未见其止"。关于这一点，可以从张载对《论语》中一段含义模糊的文字的解释中看出来。那段话说："子谓颜渊曰：惜乎！吾见其进也，未见其止也。"[2]不过，张载采用的是对这段文字的另一种解释，认为颜回自己未见其所"止"之处：

> 颜子见其进，未见其止，未止故未发见其所止……盖

---

1 参见《论语》第六篇第3章；《系辞上》第9段，译见Wilhelm, *The I Ching or Book of Changes*, p. 315。
2 这是阿瑟·韦利翻译的《论语》第九篇第21章。韦利指出，这种翻译"似乎比传统的'吾见其进步，未见其止息'要好一些"。(Waley, *The Analects of Confucius*, p. 143)。译者按：原者这里是对英译的讨论，译成中文时直接引用了《论语》的原文。

未见夫子着心处，故未肯止。(第154页)

所以，按照张载的解释，颜子还在寻找所止之处。如前所述，将问学过程具象化，就有了空间感。[1]颜子所追寻的就是那个当止的场所：或处乎其前，倏忽便在其后：

> 颜子知当至而至焉，故见其进也；不极善则不处焉，故未见其止也……须以中道方谓极善……盖过则便非善，不及亦非善，此极善是颜子所求也。所以瞻之在前，忽焉在后。(第332页)

颜子寻求的是"至善"，为纯然得乎其"中"者，不过他终究没能寻到。尽管如此，张载仍然认为颜子的坚决果断堪为初学者的楷模：

> ……然颜子雅意则直要做圣人，学者须是学颜子。(第332页)

张载关于颜子的思想有三个来源：《论语》、《中庸》和《周易》。在下面的引文中，他综合这三部著作来谈颜子：

> 颜氏求龙德正中而未见其止，故择中庸得一善则拳拳

---

[1] 参见上文第160页。

服膺,叹夫子之忽焉前后[1]也。[2]（第50页）

按照张载的说法,《论语》中讲颜子寻求危微精一之"处"——即孔子着心之处——以自止;《中庸》中讲他的果敢——一旦他取得了进步,则"拳拳"焉;《周易》则记载他对"龙德"的追求。《周易》常常用"龙"来指代圣人,张载的解说如下:

凡言龙,喻圣也。（第79页）

颜子寻求"龙德",也就意味着他是在追寻圣人。

下面引用的文字很值得琢磨,张载认为《周易》中的乾卦[3],便是对学习过程的具体说明,代表着由大人升至圣人的境界:

乾初,以其在初处下,况圣修而未成者可也……若二与三皆大人之事。（第76页）

《周易》所记的,并不是一个简单的、一步一步的就圣过程,正如上面论述的那样,一旦寻得那个当"止"之处,而且能"止",那么,经过"仁熟"和"广智",成圣的过程就会自动发生。所以,紧接上文,张载又说:

---

1 译见Lau, *The Analects*, p. 97。
2 参见《周易·乾卦·文言》;《论语》第九篇第21章;《中庸》第八章,译见Legge, *The Doctrine of the Mean*, p. 389;《论语》第九篇第11章。
3 "乾"是《周易》的首卦,由六条"连"线或阳线排列而成。

非谓四胜于三,三胜于二,五又胜于四,如此则是圣可阶也。三四与二,皆言所遇之时[1]。二之时平和,见龙在田者,则是可止之处也。时舍,时止也。(第76页)

学人当"止"之处,在卦象中便以"阳处二位"这个"既中且正"的爻位来称代。不过,正如我们所看到的那样,要不是已经成圣,便仍有被诸如淫邪之声诱惑而误入迷途的可能[2],所以,学人必须坚定自己的立场,因为他们仍面临着可能导致自己偏离正道的险陂。这种情形,在阳爻处于卦象的第三、第四爻位时有具体的征兆:

三四则皆时为危难,又重刚,又不中。(第76页)

人如果能渡过这些危险的境地,便会成圣:

至九五则是圣人极致处,不论时也。飞龙在天,况圣人之至,若天之不可阶而升也。(第76页)

圣人因此可以用"九五"相称:

---

1 "时"是《周易》中的一个重要概念,意思是一个人在某种情况下面临的整体环境,正如卦中的每一爻所体现的情势那样。参见Wilhelm, *The I Ching or Book of Changes*, p. 359, 关于《周易》这一概念的进一步讨论。

2 参见上文第160页。

> 九五，大人化矣，天德位矣，成性圣矣。（第50页）

> ……然则必九五言"乃位乎天德"，盖是成圣实到也……不曰"天地"而曰"天德"，言德则德位皆造，故曰"大人造也"，至此乃是大人之事毕矣。五，乾之极盛处，故以此当圣人之成德，言"乃位"即是实到为己有也。（第77页）

乾卦的前四个爻位，由此都可以看成是"大人"应当面对的。第二爻位——既中且正——是其应当自止之处。不过，由于还没有完全尽天性，所以仍需面对阻碍其成圣的困境，它们的具体体现就在第三、第四爻位的阳爻上，"又重刚，又不中"。但只要能持之刚毅，则将升至"九五"之位，在那里，"大人"能演而成圣，这样"大人之事毕矣"，而他"实到为己有"了。

颜子走的是正途，也接近于圣人，所以与他人有别，便可用乾龙之象来比拟他。因此，前文部分引用的段落如下：

> 凡言龙，喻圣也，若颜子可以当之，虽伯夷之学犹不可言龙。[1]（第79页）

1　孔子称伯夷为"古之贤人也"，见《论语》第七篇第15章，译见Lau, *The Analects*, p. 88。又见《论语》第五篇第23章、第十六篇第12章、第十八篇第8章。孟子称伯夷，则是："非其君不事，非其民不使，治则进，乱则退"。《孟子·公孙丑上》，译见Lau, *Mencius*, p. 79。又见《孟子》之《公孙丑上》《滕文公下》《离娄上》《告子上》《尽心上》《尽心下》。又见《张载集》第78页。

纵然道德高尚如伯夷，仍不可以用龙来比拟，颜子却可以，尽管他还没有成圣。不过因为指出的那一点，他也只能以"潜龙"拟之：

> 颜子未成性，是为潜龙，亦未肯止于见龙。（第75页）

颜子终究没有获得"中"位，即着"心"处。在《周易》的各种卦象中，着"心"处是在"九二"之位，其时"见龙在田"，不到此位，颜子终究只能算是"蛰"或"潜"[1]龙：

> 潜龙自是圣人之德备具，但未发见。（第78页）

纵然是"潜龙"颜子，因为未尽其性，也就意味着其行仍有未周：

> 未至于圣，皆行未成之地耳。（第79页）

一个人如果完成了趋圣之途，全然识得天性，那就成了圣人。但是，什么是圣人，圣人又做些什么呢？

---

1 "潜"有"潜藏"和"蛰伏"两种意思。

第四章
圣人
Sagehood

绪论

在中国哲学传统中，圣人——他们是谁，做些什么——是一个长期被关注的话题。[1]对此，许多哲学家和哲学流派都有一个共识，即认为是圣人促使众人脱离蒙昧，他们从实际上创造了中华文化。[2]

11世纪时，长期以来关于圣人的话题中又增添了一个新的元素，这在后来的理学思想中得以延续并成为重要的组成部分。[3]这是一种新的主张：人们所追寻的，并不仅仅是遵循圣人之道，还包括自己成圣。关于这一点，有一个很有意思的解释可以在《近思录》中找到。该书由朱熹、吕祖谦编撰于12世纪，末尾有张载对二程关于圣人论断的评论。正如一位学者所指出的，编者的用意在于"……给读者一个最终印象，就是对二程关于成圣的说法给予积极的评价"[4]。

---

[1] 参见上文第52—55页。

[2] 见Hsiao/ Mote, *A History of Chinese Political Thought*, v.1, pp. 235—236, 335—336, 390—392, 484, 537—538, 562, 573—577, 588—589, 615—616, 622, 624—626, 651—652。

[3] 见deBary, 'Neo-Confucian Cultivation and the Seventeenth-Century "Enlightenment,"' p.155; Metzger, *Escape from Predicament*, p. 60; Rodney Taylor, 'The Cultivation of Sagehood as a Religious Goal in NeoConfucianism: a Study of Selected Writings of Kao Pan-lung (1562—1626),' (Diss. Columbia, 1974)。

[4] 见deBary, 'Neo-Confucian Cultivation and the Seventeenth-Century "Enlightenment,"' p.156。令人感到奇怪的是，评论者没有注意到这段文字在《近思录》中只被引用了一部分，省略了张载对程氏的批评。整段话如下：二程从十四岁时便锐然欲学圣人，今尽及四十未能及颜闵之徒。小程可如颜子，然恐未如颜子之无我。(《近思录》第280页) 参见Chan, *Reflections on Things at Hand*, p. 308, 又见下文第146页。

求于"危微"

对张载来说,成圣是他矢志苦学的目标。按照他的描述,这一过程是这样进行的:问学者先须移易"炁"质,以便获得"此心",再凭直觉去悟"道",继而在此"处"坚自执之,并且"大其心",使直觉运用到越来越多的现象和情况中,直到领会了万物齐一这个理。做到这一点,便能"穷神知化"而又"尽性",一言以蔽之,即成为圣人。

张载的圣人观中有一个根本性的问题。一方面,他认为人性既善且美,另一方面,他又不得不承认,在既往的历史中,成圣者屈指可数。尽管如此,即便事实上圣人屈指可数,张载仍然强调圣人与凡人实际上是没有差别的[1]:

> 圣人,人也。(第317页)

> 虽圣亦人耳。(第189页)

既然圣人"亦人",那么人人都可以成圣:

> 圣人设教,便是人人可以至此,"人皆可以为尧舜"。[2](第283页)

---

1 参见《孟子·告子上》"圣人与我同类者",译见Lau, *Mencius*, p. 164。
2 《周易·观卦》:"圣人以神道设教。""人皆可以为尧舜"引自《孟子·告子下》。

与佛教徒不懂得如何成圣不同，儒家学者因为懂得"致学而可以成圣"[1]的道理，所以，张载叮嘱他的弟子们要不断努力，以便成圣，并告诫他们"学必如圣人而后已"[2]。张载还写道：

> 未至于圣，皆行未成之地耳。[3]（79页）

虽然说人人都可成圣，可事实上成圣是极其困难的。的确，在张载的某些论述中，我们可以看出他将圣人置于远离凡俗的高度：

> 存虚明，久至德，顺变化，达"时中"，仁之至，义之尽也。"知微知彰"，不舍而继其善，然后可以成（之）〔人〕性矣。[4]（第17页）

其实，只要想想就算是颜回和孟子都没能达到那个境界，也就不足为奇了。正如我们所看到的，颜子仍会"心粗"[5]，而张载论及孟子，则说：

> 孟子于圣人，犹是粗者。（第375页）

---

[1] 《张载集》，第65页。

[2] 《张载集》，第383页。

[3] 参见上文第174—175页。

[4] "时中"出自《中庸》第二章第2段，又见《周易·蒙卦》。"知微知彰"出自《系辞下》第4段，译见 Wilhelm, *The I Ching or Book of Changes*, p. 342。"止于至善"与"尽性"是《系辞上》第4段的寓意所在。我在这里不采用《张载集》对这段文字的校订。

[5] 参见上文第169页。

在其他著述中,张载用下面这样的话来说明成圣之难:

> 中心安仁,无欲而好仁,无畏而恶不仁,天下一人而已。[1](第29页)

换句话说,张载对极少数人能成圣这一事实了然于心,但这样的认识没有动摇张载为成圣而努力,也没有动摇教导他人在成圣上用功的决心。他认为,努力追求圣人之道从本身和本质上讲都是好的,因为这是在遵循人的内在天性而行:

> 贤人当为天下知,圣人当受命,虽不受知、不受命,然为圣为贤,乃吾性分当勉耳。(第310页)

在任何情况下,君子都必须行端处正,纵然明知于事无补。孔子便是"知其不可而为之"[2]。张载在解释自己创作那组十首诗的原因时,提到《论语》中的这段话和孔子的这种精神:

> 十诗之作,信知不济事,然不敢决道不济事。若孔子于石门,是知其不可而为之,然且为之者何也?仁术也。如《周礼》救日之弓,救月之矢[3],岂不知无益于救?但不可坐

1　参见《论语》第四篇第6章。最后一句从字面上理解,应该是"天下一人而已",我取"圣人唯一"之意。从字面上看来,也可取"只有一个人——孔子——达到了这种境界"之意。

2　《论语》第十四篇第38章,译见Waley, *The Analects of Confucius*, p. 190。

3　参见《周礼》(《四部丛刊》本)第十卷第10页。

视其薄蚀而不救，意不安也，救之不过失数矢而已。（第315页）

所以，哪怕明知于事无补，也必须行端处正。哪怕明知圣人几不可得，也应当黾勉以求之。

体：何谓圣人

圣人，就是已经充分识得自身潜力之人。在张载的哲学体系中，圣人已然"成性且化"：

> 大人成性则圣也化，化则纯是天德也。圣犹天也，故不可阶而升。（第76页）

> 进德修业，欲成性也，成性则（纵）〔从〕心皆天也。[1]（第78页）

圣人通过"大其心"以尽其性。换句话说，他拓宽其思维范围，以至于包容世间万象于其中。其智识如此，以至于他认识到万物宗于一理的道理——即物之成器都是由同样的混沌之"气"凝聚而成，而万物及其运化过程得以发生，都是由同样的氤氲互感的阴阳二仪来统御的。这种智慧促使他超越一己之利的识见，视己如物，与外物无别：

---

[1] 我在这里不采用《张载集》对这段文字的校订。

人当平物我，合内外，如是以身鉴物便偏见，以天理中鉴则人与己皆见，犹持镜在此，但可鉴彼，于己莫能见也，以镜居中则尽照。只为天理常在，身与物均见，则自不私，己亦是一物，人常脱去己身则自明。（第285页）

超越一己私欲，并把自己看成是另外一"物"，使圣人得以融通物我，是为"无我"：

圣人同乎人而无我。（第34页）

无我而后大，大成性而后圣。（第17页）

无我，圣人便能认识到自己与世间万物归诸统一：

大其心则能体天下之物，物有未体，则心为有外……其（圣人）视天下无一物非我。孟子谓尽心则知性知天以此。（第24页）

在他最著名的《西铭》一文中，张载是这么讲的：

故天地之塞，吾其体；天地之帅，吾其性。[1]（第62页）

---

1 译见 Chan, *A Source Book in Chinese Philosophy*, p. 497.

"天地之塞",是"气",是"吾其体"者;"天地之帅",是阴阳,是"吾其性"者。

由于圣人已经打通了物我之别,达到了无我之境,所以能虚:

圣人虚之至。(第325页)

对张载来讲,"虚"有几层含义[1]:圣人所具有的公正无私和不拘物态。在后一种情况下,圣人也可以说是"虚"的,因为他的智慧是不拘"物态"的,仅存在于对特定刺激的回应中。这种智慧如同"太虚",不具实形,却又存之至真:

金铁有时而腐,山岳有时而摧,凡有形之物即易坏,惟太虚无动摇,故为至宝。(第325页)

圣贤虚怀,懵然如若无知,但是,就像"太虚"那样,实为"至宝",因此所谓"无知",实则为上上之智:

有不知则有知,无不知则无知,是以鄙夫有问,仲尼竭两端而空空。《易》无思无为,受命乃如响。[2](第31页)

---

1 参见上文第105—106页。
2 参见《论语》第九篇第8章、《系辞上》第9段。

圣人"无知"，可一旦被提问，他的回应则既全面又准确。如上文所述，张载用《系辞》中对《易》象的解释来说明这一点：

> 无知者，以其无不知也；若言有知，则有所不知也。惟其无知，故能竭两端，《易》所谓"寂然不动，感而遂通"也。[1]（第200页）

圣人如《易》中所言，平时"寂然不动"，需要时则"感而遂通"[2]于天下。颜回呢，按照张载的说法，还没有达到这种境界：

> 颜子未必能寂然而感。[3]（第317—318页）

张载另外选择了两个比喻，用以解释圣人的这种特征。一个是拿钟作比喻：

> 洪钟未尝有声，由扣乃有声；圣人未尝有知，由问乃有知。[4]（第31页）

一个是拿大海作比喻：

---

[1] 参见《论语》第九篇第8章、《系辞上》第9段。
[2] 《系辞上》第9段。
[3] 参见上文第168页。
[4] 王简栖：《头陀寺碑文》，见《文选》(《国学基本丛书》本)第五十九卷第23页，有："洪钟虚受，无来不应。"

> 大海无润，因渴者有润；至仁无恩，因不足者有恩。（第34页）

因此，圣人"无知"，是因为其知识只在受"感"时方才显现。但是，正如无器形而为"至宝"的"太虚"那样，这才是上上之智。圣人对于世间常理的认识已经极尽精微了：

> 至精者，谓圣人穷理极尽精微处。《中庸》所谓至矣。[1]（第199页）

每一事、每一物，都具有精妙的特征，以区别于其他事物。这便是其"至"。与此同时，有一些基本的理——即二仪的交感——构成了世间万象的基础。懂得了这个"易简理"[2]，圣人就可以"一以贯之"了：

> 易简理得，然后一以贯天下之道。（第36页）

由于圣人真的认识到了这个理，所以对于世间万象和经籍文字，他都能了然于心：

> 心解则求义自明，不必字字相校。譬之目明者，万物纷错于前，不足为害。（第276页）

---

1 参见《系辞上》第9段；又参见《中庸》第十二章第4段，译见Legge, *The Doctrine of the Mean*, p. 393。

2 《系辞上》第1段。

这就与未得"易简理"的普通人形成了对比。他对上面的文字总结道:

> 若目昏者,虽枯木朽株皆足为梗。(第276页)

圣人因此理解了天地万象的运行规律,这种智慧使他能够"知几",对于事态的趋向有一个直观的把握。《系辞》说:"几者动之微,吉之先见者也。"[1]由于圣人了解两仪之用,所以能知道哪一极将盈。比如,圣人就懂得一仪之所藏,即对应的另一仪之所宅:

> 阴阳之精,互藏其宅。[2](第12页)

所以,张载讲:

> 知几者为能以屈为信。(第219页)

因此,"知几"是一种先见之明。张载引用《系辞》中的另一句话——"精义入神"[3]——来描述同样难得的智慧之境。张载给"精义"下的定义是:

1　《系辞下》第4段,译见Wilhelm, *The I Ching or Book of Changes*, p. 342。
2　参见上文第91页。
3　《系辞下》第3段。《张载集》第216页有:"精义入神,豫而已。"

> 脱然在物我之外，无意、必、固、我[1]，是精义也。（第286页）

达到了这个境界，人就能够明白事态将如何发展：

> 知几其神，精义入神，皆豫之至也。豫者见事于未萌，豫即神也。[2]（第217页）

这种神奇的先见之明可以使人脱离险境：

> ……故知者违难在乎先几。（第129页）

然而，"知几"并不仅仅在于简单的先见之明，它还可以使人不致脱离道德上的正途：

> 苟要入德，必始于知几。（第242页）

一旦"知几"，便会懂得事态可能会如何发展，并因此懂得道德正途在哪里：

> 见几则义明。（第218页）

---

1 参见《论语》第九篇第4章。参见上文第149—150页。
2 参见《系辞下》第4段、第3段。

这一点很重要。正如我们所看到的那样，张载认为天地运化的过程是自发的和无意识的，却又是善的。理解了这些过程，即是德行所知，人就能依从精神上的正途行事。对张载来说，这一点是毫无疑问的。

圣人妙智的作用之一，是成为最有成效的导师。他不仅懂得因材施教，而且还明确地知道施教的方向，正如《庄子》中那位著名的庖丁一样，知道该把刀放在哪里：

> 教人至难，必尽人之材乃不误人，观可及处然后告之。圣人之明，直若庖丁之解牛，皆知其隙，刃投余地，无全牛矣。[1]（第335页）

庖丁凭着直觉知道游刃的精准部位，圣人也知道每个人可以施教的精准之处。

圣人的作为，既合乎道德，又合乎时宜。为了说明这一点，张载拿《孟子》所讲的师授之法"有如时雨之化者"[2]来作比喻：

> "有如时雨之化者"，当其可，乘其间而施之，不待彼有求有为而后教之也。（第31页）

---

[1] The Complete Works of Chuang-tzu ch. 3, 'The Secret of Caring for Life,' Watson, p. 50, 称"三年之后未尝见全牛也"。译见Watson, The Complete Works of Chuang-tzu, p. 50。

[2] 见《孟子·尽心上》，这是君子受授五法中居于首位者。

张载还就如何适时化之另外举了《礼记》中的一个比喻:

"时雨化之"[1],春诵夏弦,又言当其可之谓时。(第310页)

圣人的行为完全顺应特定的条件,生发又正当其时,这样才算实现了"时中":

"圣之时",当其可之谓时,取"时中"也。可以行,可以止,此出处之时也,至于言语动作皆有时也。[2](第309页)

这里的"中"是动态的,要视具体的情形而定,还会因人而异。"时中"之外,张载还另外选用《周易》中的"中正"一词,来表达同样的意思:

中正然后贯天下之道。(第26页)

在《周易》中,卦卦相异,并且每一卦的六爻和内外卦又各不相同。[3]人也是如此,所以只有既中且正,才可能"一以贯之"。

不过,圣人并不是通过精心图谋算计来达到时中或者中正的。其生发过程,完全是凭借直觉去察知事态的趋向,并且以

---

1 《礼记郑注》(《四部丛刊》本)第六卷第15页。

2 "圣之时",出自《孟子·万章下》。"时中"出自《中庸》第二章第2段及《周易·蒙卦》。

3 见Wilhelm, *The I Ching or Book of Changes*, pp. 356—365,关于每一卦的三爻、六爻的构成以及每个爻位的讨论。

自发的举动去回应,如此而已。由于圣人"从其心且行皆合于天",所以他无须努力于正行,也无须深思其行为过程:

> 无所杂者清之极,无所异者和之极。勉而清,非圣人之清;勉而和,非圣人之和。所谓圣者,不勉不思而至焉者也。(第28页)

张载引用《中庸》中的一句名言来说明这一点:

> 至于成性,则不勉而中,不思而得,从容中道矣。[1](第192页)

圣人得乎时中,完全是随事应运,他是"皆以其德合阴阳,与天地同流而无不通也"。张载把圣人的这种品质称为"行其所无事"[2],意思大概是顺其自然而行:

> "何思何虑",行其所无事而已。下文皆是此一意……行其所无事,则是意、必、固、我已绝……日月寒暑之往来,尺蠖之屈,龙蛇之蛰,莫非行其所无事……不能虚以接物而有所系着,非行其所无事也。[3](第215—216页)

这些例子,说的都是天地之间两仪互感互化的过程。在这

---

1 《中庸》第二十章第18段。参见 Tu Weiming, *Centrality and Commonality*, p. 107。
2 这句话是孟子描述大禹治水的,参见《孟子·离娄下》。
3 参见《系辞下》第3段,译见 Wilhelm, *The I Ching or Book of Changes*, p. 338;又参见《论语》第九篇第4章。这里举的各种例子都出自《系辞下》第3段。

些现象中,圣人无所争、无所难、无所思。在其他文章中,张载对孔子的"君子无所争"做了独特的解释,举出另一个例子来说明他所谓的"行其所无事":

> "君子无所争",彼伸则我屈,知也;彼屈则吾不伸而伸矣,又何争

"君子无所争"出自《论语》,讨论的是君子不争——即使是在箭术比赛中,君子仍然遵从中庸之道。张载仅仅引用了这段话的第一句,来说明人应当完全顺应势运物态来做出适当的反应——"彼伸则我屈",而且那些反应还要全部出于自发,无须诉诸意识——"不伸而伸矣"。

总而言之,圣人是一个充分识得自己潜能的人。他是"虚"的,这就意味着他是无己的,故而能够"体天下之物"。由于他又是"无知"的,所以他的智慧只在有"感"时才表现出来。而且,他对隐藏在万事万物背后的常理,以及每一事、每一物区别于他事他物的细微特性,都有一种直观的理解。他又是"知几"的,因此他的行为在道德上始终是善的,顺应着事态时势。他完全随事应运,并用他的"中"来应对各种情势,因此他能"行其所无事"。所以"圣人乃天下一人而已",也就不足为奇了。

---

1 参见《论语》第三篇第7章。又参见《道德经》第二十二章第1段。我把这一段作为"行其所无事"的例子,虽然张载并没有进行这方面的关联。

用：圣人何为

天地生发的自然过程，张载称之为天道，其运化是遵循某些固定的理的。事物的生育、老化、衰亡，昼夜的更替，季节的变化，皆以其时。虽然说天道非亲，并非有意识地去左右生发的过程，它却是善的：它是一个生发的、孕育的、可依凭的过程。人的行动应当遵从它和适应它。事实上，顺应它的行动，也就是遵从自己的天性，因为天性都是由阴阳二仪构成的，统御着全部过程。不过，由于人没有识得其天性，又没有悟得自己与天地万物是一体的，便会被自己的"炁质之性"所控制，被自身的欲求所役。圣人所扮演的角色，就是让人识得自己的本来天性，以及人与天地的关系，从而遵循天道而行。

圣人拥有的"纯是天德"，并且行动"与天地同流"。但他又与天地不完全一样——他毕竟是人：

> 虽圣亦人耳，焉得遂欲如天之神，庸不害于其事？（第189页）

这是理所当然的。圣人的作用不是与天相同，而是与天互补：

> 圣人苟不用思虑忧患以经世，则何用圣人？天治自足矣。（第189页）

昊天"设位",但是,以其非亲,故称不仁,所以要寄托于其亲者——圣人——来成就其事业。圣人必须御天下以仁:

> 老子言"天地不仁,以万物为刍狗",此是也。"圣人不仁,以百姓为刍狗",此则异矣。圣人岂有不仁,所患者不仁也。天地则何意于仁?"鼓万物"而已。圣人则仁尔,此其为能"弘道"也……天不能皆生善人,正以天无意也。[1](第188—189页)

> 盖圣人成能[2],所以异于天地。(第189页)

而"天治"本身又是不够的。由于它是无意识的,所以不能"皆生善人"。它定下的是基础——将善根置于每个人的心中——有待于圣人来毕其功,率民以蹈规矩,并识得其潜能。圣人"弘道",圣人"成能",故为万物"经营"者:

> 天惟运动一气,鼓万物而生,无心以恤物。圣人则有忧患,不得似天。"天地设位,圣人成能",圣人主天地之物,又智周乎万物而道济天下,必也为之经营。[3](第185页)

---

1 参见《道德经》第二十五章、《系辞上》第5段、《论语》第十五篇第29章。
2 《系辞下》第9段。
3 参见《系辞上》第5段、《系辞下》第9段、《系辞上》第4段。

据《中庸》记载,圣人得以"赞天地之化育,则可以与天地参矣"[1]。张载认为圣人之所以能"与天地参",是因为他能尽人道:

> 盖尽人道,并立乎天地以成三才,则是"与天地参"[2]矣。(第178页)

不过,"尽人道"并不意味着圣人干涉天地的运化过程。相反,这意味着圣人顺应天地运化的过程,并率众顺天而行:

> 化不可助长,顺焉可也。(第17页)

因此,圣人不参与天地自发运化的过程,但是在率众顺应这一运化过程方面扮演着重要角色。

圣人如何完成这项事业呢?他的一部分工作就是让人有感于天地的运化,以便他们能顺天而行:

> 能通其变而措于民,圣人之事业也。[3](第190页)

张载对《系辞》中的隐语"化而裁之谓变"[4]做了进一步的阐

---

1 《中庸》第二十二章。
2 《说卦下》,译见Wilhelm, *The I Ching or Book of Changes*, p. 264。
3 参见《系辞上》第12段。
4 《系辞下》第12段。

释，把圣人的这种努力比作裁制衣服：

> 因其变而"裁制"之以教天下，圣人之法也。（第203页）

> 圣人因天地之化裁节而立法，使民知寒暑之变，故为[1]之春夏秋冬，亦"化而裁之"之一端耳。（第208页）

无论是变还是化——天地的运行过程——都只能说是粗裁，圣人裁剪使之成型，并由杂乱无章变为井然有序。可这并不意味着圣人是强行为之，他只不过"因其变"而将井然秩序昭示于人，使人识运势、"知寒暑之变"而已。

更具体地说，圣人悟变化而演《周易》，张载认为《周易》既模拟又体现着天地的运化：

> "天地变化"，圣人作《易》以蓍龟效之，故曰"圣人效之"。[2]（第204页）

《周易》的卦爻，体现着特殊的势运；卦辞爻辞，是圣人对卦象的感悟，一一揭示着运化过程中的各种特殊情势：

> 圣人与人撰出一法律之书，使人知所向避，《易》之义

1　《张载集》以"为"替"谓"，显然是笔误。参见诸如《张载集》第207页和《张子全书》第239页。
2　参见《系辞上》第11段。我此处从《张载集》对这段文字的校勘，该校勘基于《周易系辞精义》。

也。(第182页)

所以,张载称《周易》演示的是"行其所无事"的"道",也就是他所谓的"尽利之道"[1]:

> 举尽利之道而错诸天下之民,以行其典礼,《易》之事业也。(第207页)

换句话说,《周易》中各卦的阴爻阳爻互感,所拟的是世间各种变化的条件。所附的卦爻辞,是对与各种条件相应的运化过程的解释。所以,《周易》所揭示的,是"尽利"之道,人们应当完全遵循其演绎过程。当然,遵循"尽利"之道,也就是按德之正途而动,就是"行其典礼"了。

除了使人懂得变化,且以其道示人之外,圣人还会规范人的行为,使之与天地相符。他是通过礼来做这件事的。礼源自天地,不是人随意编造出来的:

> 天之生物,便有尊卑大小之象,人顺之而已,此所以为礼也。学者有专以礼出于人,而不知礼本天之自然。(第264页)

---

[1] "尽利"出自《系辞上》第12段,译见Wilhelm, *The I Ching or Book of Changes*, p. 70。"利"是《周易》的一个基本概念,Wilhelm译为"to further",张载所取"利"的含意,大致是"顺利进行"。在后面的文字中,最终的引文源自《系辞上》第6段。Wilhelm, p. 324,解释为"按照永恒的法则来推进其过程"。

礼虽然以天地自发的运化为本源，而且不是"出于人"，圣人仍然需要做一些辅助天地的工作。圣人看到了天地之间"尊卑大小之象"，所以把它们用于规范人类社会的行为。张载借着解释《系辞》中的"黄帝、尧、舜垂衣裳而天下治"[1]这句话，来具体说明礼教的效果：

> 上古无君臣尊卑劳逸之别，故制以礼，垂衣裳而天下治。(第212页)

所以，虽然从本源上看，礼教是天地自发的运化，却是圣人创制的，目的在于规范人伦社会。

此外，圣人的一举一动都是众人的楷模：

> "君子知微知彰，知柔知刚"[2]，未尝不得其中，故动止为众人之表。(第223页)

张载对孔子的名言"克己复礼"[3]也有自己的见解：

> 克己行法为贤，乐己可法为圣。(第46页)

1　《系辞下》第2段，译见Wilhelm, *The I Ching or Book of Changes*, p. 332. 此爻通常被作为"无为之用"的象征。

2　《系辞下》第4段。

3　《论语》第十二篇第1章。

圣人通过自己的德行示范来感化他人。从《孟子》、《论语》和《周易》的某些段落中我们可以看出，圣人化人以德，功效十分神奇。[1]张载在评论德性的"奇效"时提到了其中一些段落：

> 已德性充实，人自化矣，正己而物正[2]也。（第312页）

仅凭圣人的德性便能化人。正如孔子所说的君子一般，圣人如风，众人如草：

> "圣人感人心而天下和平"，是风动之也；圣人老吾老以及人之老，而人欲老其老。[3]（第125页）

圣人具有这种"神"力，行之于此，却能收效于彼：

> 圣人则能用感，何谓用感？凡教化设施，皆是用感也，作于此化于彼者，皆感之道，圣人以神道设教是也。[4]（第107页）

> 天不言而四时行，圣人神道设教而天下服，诚于此，动于彼，神之道与！[5]（第107页）

---

1. 参见Fingarette, *Confucius—the Secular as Sacred*, pp. 1—17，又参见诸如《孟子·尽心上》、《论语》第十二篇第19章和《周易·坤卦》。
2. 参见《孟子·尽心上》。
3. 参见《周易·坤卦》；《孟子·梁惠王上》，译见Lau, *Mencius*, p. 56。
4. 参见《周易·坤卦》。
5. 参见《论语》第十七篇第17章、《周易·坤卦》。我在这里不采用《张载集》对这段文字的校订。

因此，通过作《周易》，通过创立礼教，通过垂范众人，圣人得以"经营"这个世界，使之顺应天地运化而行。圣人能"用感"——其德煌煌，以"神奇"之道产生化人之效。

自我形象

《论语》第二篇第4章	《张载集》第40页
三十而立，	三十器[1]于礼，非强立之谓也；
四十而不惑，	四十精义致用，时措而不疑；
五十而知天命，	五十穷理尽性，至天之命；
	然不可自谓之至，故曰知。
六十而耳顺，	六十尽人物之性，声入心通。
七十而从心所欲，	七十与天同德，
不逾矩。	不思不勉，从容中道[2]。

在这段对孔子名言的评论中，张载将孔子的立德过程转化到自己的哲学语言和体系中。虽然孔子是在谈他自己的立德过程，但他为像张载这样的思想家树立了一种榜样，后者视成圣为真实却难以实现的人生目标。张载的立德版本没有提及具体

---

[1] 似乎是《论语》第五篇第4章的"瑚琏也"，而不是第二章第12段的"君子不器"（Lau, The Analects, p. 64）。参见Fingarette, Confucius—the Secular as Sacred, pp. 71—81。

[2] 《中庸》第二十章第18段，出自《论语》，译见Lau, The Analects, p. 63; Waley, The Analects of Confucius, p. 88。

的对象,显然他认为那是成圣的常规途径。可问题是,这一路径在多大程度上和孔子的表述一样,是描述言说者自己的立德过程呢。遗憾的是,这个问题无法得到解决,因为没有足够的关于张载生平的记载,能帮助我们准确地推断张载的自我形象究竟是在何时以及如何发展和变化的。不过,张载的著作中有一些耐人寻味的话语,让我们可以推测张载对自己以及自己所担任的角色的看法。

有几段话大致可以推断出自早期,[1]其中张载谈到了自己的缺点。比如在一首诗作中,张载谈到自己性情太过刚强,希望能变得柔和一些,就像他看到的以藤条缠绕双桐而生的贝母[2]那样:

> 贝母阶前蔓百寻,双桐盘绕叶森森。刚强顾我蹉跎甚,时欲低柔警寸心。(第369页)

桐之"刚强",使张载认识到自己的个性过于刚强,所以他想向贝母学习:借当道之物,盘绕而生。[3]在另一段文字中,张载说自己太容易冲动、过于自信:

> 某向时谩说以为已成,今观之全未也。然而得一门庭,知圣人可以学而至。更自期一年如何,今且专与圣人之言

---

1 我在北京和张岱年先生交谈时,先生认为这类文字似乎比《正蒙》更早,可能是在11世纪50年代晚期张载从佛教中抽离出来转向儒学之后。

2 贝母,藤蔓类植物,其茎含贝母灵,可以降低呼吸中枢的兴奋并麻痹自发运动。

3 这或许可以作为张载"行其所无事"的一个例子。

为学，闲书未用阅。(第289页)

张载觉得从前过高地估计了自己的进步水平，也正是从这时开始他想到了迈向成圣之途。在类似的文字中，他称自己从前为"炁"所使，以至于没能超越物质自我的欲望和主观性：

> 某旧多使气，后来殊减，更期一年庶几无之，如太和中容万物，任其自然。(第281页)

张载认为自己从前过于好强而没有随事应运。不过，他从那一刻开始改正这一缺点，希望在将来完全去除。在另一段文字中，张载说自己从前对于极其显而易见的道理都很少弄明白，也是从那一刻开始大有长进：

> 某比来所得义理，尽弥久而不能变，必是屡中于其间，只是昔日所难，今日所易；昔日见得心烦，今日见得心约，到近上更约，心是精处尤更约也。(第317页)

所有这类文字似乎都可以追溯到早期，那时张载觉得自己正在逐渐克服弱点，迈向成圣之途。

在另一些可能也是早期的文字中，张载表明自己是一个有远大抱负和理想的人。比如：

> 言有教，动有法；昼有为，宵有得；息有养，瞬有存。[1]（第44页）

虽然这段文字并没有明确的主语，但张载毫无疑问是在以之律己。同样地，在一篇批判佛教的长文中，张载坚称必须"有大过人之才"的人，"独立不惧"地揭示佛教之妄：

> 自其说炽传中国，儒者未容窥圣学门墙，已为引取，沦胥其间，指为大道……自古诐、淫、邪、遁之词，翕然并兴，一出于佛氏之门者千五百年，自非独立不惧，精一自信，有大过人之才，何以正立其间，与之较是非，计得失！[2]（第64—65页）

张载著述的一大主题便是排佛，所以，他肯定视自己为"独立不惧且精一"的人。在那段著名的话中，张载阐明了自己的个人信条：

> 为天地立心，为生民立道，为去圣继绝学，为万世开太平[3]。（第376页）

从这类文字中我们可以看出，大概从很早的时候起，张载

---

1. 转引自Chan, *A Source Book in Chinese Philosophy*, p. 516。
2. 参见Chan, *Reflections on Things at Hand*, pp. 287—288; Huang, S.C. Huang, 'The Mora.I Point of View of Chang Tsai,' in *Philosophy East and West*, 21 (1971), p. 141。
3. 《庄子·天道》，译见Watson, *The Complete Works of Chuang-tzu*, p. 147, 有："知谋不用，必归其天。此之谓太平，治之至也。"

就有一种使命感：正如他同时代的人那样，他相信自己重新发现了失传一千五百多年的圣贤之道，他的责任便是揭示这个道，铲除有害的佛教教义，造就"太平"盛世。

有几次，张载把自己比作孔子和孟子。他认为，跟孔孟一样，他也是得了"训示"来揭示真"道"的：

> 此道自孟子后千有余岁，今日复有知者。若此道天不欲明，则不使今日人有知者，既使人知之，似有复明之理。志于道者，能自出义理，则是成器。（第274页）

事实上，张载和其他几位当时没有什么声誉地位的人若能复明此"道"，就意味着上天希望如此。换句话说，张载认为，发生这样的事，自有它的理在——正好赶上"道"应当重现之时。在一段充满自信的文字中，张载声称，即使孔子活在他的时代，也不会比他做得更多：

> 道理今日却见分明，虽仲尼复生，亦只如此。今学者下达处行礼，下面又见性与天道，他日须胜孟子，门人如子夏、子贡等人，必有之乎！[1]（第281页）

在这里，张载自信地预言，众门徒将出，继续完成复"道"

---

1 参见《论语》第十四篇第23章、第十四篇第35章。

大业。如此乐观的文字或许是早期的，那时张载对"道"将获得践履还是信心满满的。

在另一些文字中，张载就不那么乐观了。这些文字或许编成于1070年他退居横渠的时候，那时，他已经谒见王安石却最终不欢而散。[1]比如，张载在对"道"能否再度兴起心存疑虑时，是这样回应孔子和孟子的话的：

> 此学以为绝耶？何因复有此议论，以为兴耶？然而学者不博。孟子曰："无有乎尔，则亦无有乎尔。"孔子曰："天之未丧斯文也，匡人其如予何！"今欲功及天下，故必多栽培学者，则道可传矣。[2]（第271页）

忧心于圣贤之道不能复兴，张载觉得自己应当培养弟子来完成这项事业。可是，在下面这段文字中，他对学生为科考和仕途所扰又叹惜不已：

> 某唱此绝学，亦辄欲成一次第，但患学者寡少，故贪于学者。今之学者大率为应举坏之，入仕则事官业，无暇及此。（第329页）

1　见附录（二）。
2　参见《孟子·尽心下》，译见Lau, *Mencius*, p. 204；参见《论语》第九篇第5章，译见Lau, *The Analects*, p.96。我此处从《张载集》对这段文字的校勘。

这话与张载曾自信地声称他会有像子夏、子贡那样的门徒实在是迥然有别。

在一首诗中，张载还表达了他没有被"用"，也就是他的"道"未获践履的挫折感。他自视为那个时代的孔子，称自己为"待贾者也"[1]，并决心奋发自砺：

鞠歌行[2]

鞠歌胡然兮，邈余乐之不犹。宵耿耿其尚寐[3]，日孜孜焉继予乎厥修[4]。井行恻兮王收[5]。日曷贾不售兮，阻德音其幽幽？述空文以继志兮[6]，庶感通乎来古。謇昔为之纯美兮[7]，又申申其以告。鼓弗跃兮麋弗前，千五百年，寥哉寂焉。谓天实为兮，则吾岂敢，惟审己兮乾乾[8]。（第367页）

与这首诗表达的挫折感相反，在另外一些文字中，张载又

---

1 《论语》第九篇第13章。
2 此为《乐府》诗题之一。《乐府诗集》(《四部丛刊》本) 第三十三卷第9—10页中有四首以此为题的诗，分别为陆机、谢灵运、谢惠连和李白的作品。以鞠为"足球"，见于伊藤正文《曹植》中所注曹植诗《名都篇》，吉川幸次郎、小川环树编：《中国诗人选集》，东京：岩波书店，1957—1961，第三册第138页。参见《续通鉴》第十五卷第351页关于契丹统治者嗜好这种游戏的例子。

郭茂倩注陆机《鞠歌行》："虽奇宝名器，不遇知己，终不见重。愿逢知己，以托意焉。"《陆士衡诗注》，杨家骆辑《魏晋五家诗注》，台北：世界书局，1962，第二卷第27页。

这种游戏及其被赏识的原因，从黄节注谢灵运《鞠歌行》中可以看出，见《谢康乐诗注》第一卷第11页 (出版社不详, 1925)："由其相和为戏，非一人所作，故旧辞咸托意知己焉。"
3 《诗经·国风·邶风·柏舟》。译见Legge, *The Chinese Classics* v.4, *The She King or the Book of Poetry*, p. 38。
4 参见《尚书》之《大禹谟》《益稷》《泰誓下》。译见Legge, *The Shoo King*, pp. 76, 539。
5 参见《周易·井卦》。
6 参见《中庸》第十九章第2段。
7 参见《论语》第七篇第4章。
8 《周易·乾卦》，见沈仲涛：《周易全文》，上海：中国现代教育有限公司，1935年，第2页。

表达出一种平静感。这类文字可能编成于11世纪70年代后期，那时张载已经栖影横渠，颇得闲暇以凝练其哲思：

> 近来思虑大率少不中处，今则利在闲，闲得数日，便意思长远，观书到无可推考处。（第281页）

张载认为，此时他的智慧已经上了一个台阶，可以直觉到根本的"理"，哪怕那些理是在"无可推考处"；还能识得经籍文字的"至"处所在。事实上，张载将最后的著作命名为《正蒙》，细品之下也与此相关。此题出自《周易》"蒙以养正，乃圣功也"[1]，张载的解释如下：

> 养其蒙使正者，圣人之功也。（第85页）

张载将自己的著述纲领命名为《正蒙》，表明他认为自己已经具有践履"圣人之功"的资格。

在一段明显写于生命最后阶段的文字中，张载希望自己能多活几年，这样他至少可以看到自己的"道"行之于家：

> 日无事，夜未深便寝，中夜已觉，心中平旷，思虑逮晓[2]。假我数年，六十道行于家人足矣。（第291页）

---

[1] 《周易·蒙卦》。

[2] 此爻之意也可以理解为："凭我的思想和认识已能知之。"

张载对于自己的智慧毫不怀疑，但他渴望见到的，是自己的"道"付诸实践，哪怕只是在自己家里。

无论是谁，想要对这些文字进行编年，包括我在此做的一些暂时性的编排，应该说很大程度上都是靠推测。有可能这些文字反映了不同的情绪，或者是对不同环境的不同反应。然而，它们的确为我们提供了一个有意思的视角，让我们有机会洞悉张载对自我的评价。他是一个有着远大抱负和理想的人，甚至以那个时代的孔子自居。他相信自己重新发现了圣贤之道，并肩负着率众复兴此"道"的使命。然而，就像孔子一样，随着抱负被政治现实所挫败，张载开始对"道"能否复兴持怀疑态度：

某既闻[1]居横渠说此义理，自有横渠未尝如此……今倡此道不知如何，自来元不曾有人说着，如扬雄、王通又皆不见，韩愈又只尚闲言词。今则此道亦有与闻者，其已乎？其有遇乎？（第290—291页）

事实上，张载对"道"的阐释并不算完全成功，其哲学思想逐渐被二程的哲学所掩盖。他的思想，除了与二程一致的以外，并没有得到足够的关注。在《结论》这一章中，我将讨论他的哲学思想与二程哲学的差异，并分析其哲学思想被遮掩的原因。

---

[1] 《张载集》误用"闲"代替"闻"。参见《张横渠集》第134页。

第五章

结论

Conclusion

张载的哲学

我试图证明张载是一个有自己的思想体系的思想家，他所构建的哲学体系，是一种排佛的理论，这种体系使他得以"一以贯之"，而且因此使"周公、孔子之道"得以复显。这里面有几层含意：他的哲学思想肯定现实物质世界即天地宇宙具有真实性；它解释宇宙万象都是由同一个"理"来统御的；它揭示了诸经所论都是同一个"道"；它证明道德行为出乎"自然"——与人的本性相符——同时还解释了世间诸恶出现的原因；以上所有论述，是为了使其哲学体系内部的各种观点能圆融相通。

张载根据《周易》，尤其是《系辞》构建起自己的哲学体系。用晦涩难懂的语言写成的《系辞》，是张载哲学体系的起点。张载从《系辞》中获得的灵感是：可以通过各个方面的两仪互感来说明世间万象。比如，张载从字面上理解《系辞》中的"一阴一阳之谓道"[1]，这句话后来成为道学家们争论的焦点。张载将阴阳交感即为道的思想，与其重构的"气"的概念结合起来，推演出自己的天地观。

正是这样的天地观，构成了张载哲学思想的基础。在这一点上，他有别于孔子、孟子和二程，后者都以人类社会为起点和终点，他们谈论天地只是为了支持其关于人伦的思想。张载的哲学起点是他的天地观，这可以从《正蒙》中看出来。这部著

---

[1] 《系辞上》第4段。

作的开篇便讲"太和"及其极性,随即谈到"太虚",把它作为原初之"气",其凝而成器便成了可见的"炁",继而消散复归成为混沌之"氣",往复循环不已。提出这些构成其哲学基础的概念之后,张载才论及人的问题。但张载论人之始,便自相矛盾,如:

> 气之为物,散入无形,适得吾体;聚为有象,不失吾常。(第7页)

这段话无疑会让他的读者踌躇不前。它的意思是有形之"炁"散而为混沌之"氣",这个"氣"便是"吾之体",与他物别无二致。一旦"氣"聚,便有物产生。物自有其常态:人则为人,树则为树,所以才会"不失吾常"。从"太和"、"太虚"及"气"等概念开始,张载阐明了这样一种观点:人是世间万物中的一种,同其他事物别无二致,其生其育,都有赖于混沌之"氣"的凝而成形。

按照佛教的理论,物的产生与寂灭,意味着现世诸物与感官所感知的世界仅仅是幻象。张载辩论说,物之成形与消亡,不过是有形之"炁"与无形之"氣"的往复屈伸,二者同样都是真实的,只是"气"的状态不同而已。所以,早在《正蒙》篇中,张载便批评佛道未能识得这一基本事实。佛教徒认为人可以通过超度达到涅槃状况,出离于色相世界;道士认为人可获久视,肉身不坏。张载认为二教皆误。一"氣"之聚,则人即生;及其亡故，则"炁"散而复归于"太虚"。另一"氣"之聚，则又生一新人，没有谁能超越这样的过程，也没有谁能制止它。

道、易、生化、天道——这些都是对自发自如的天地运化过程的称呼。它们所指的，都是"气"的运化与移易，受两仪互感支配，都是"气"的最根本属性，或者说天性。这样的过程，是自我含容与自我生成的，既无神力创造，也无外力襄助。"天"并不像某些早期的思想家所设想的那样，是一种拟人化的力量，那只是对宇宙自发之理的隐喻。这些过程到底是如何运作的，以及事物如何成为它应该成为的样子，并非人的智力所能理解。张载把"道"的运化称为"神"，我这里姑且称之为"神奇"或者"神力"。人能够知道这个神力的效用，却无法究明这个神力本身。事实上，张载常用"神"来描述或者命名那些难以言传或不可知晓的事物。

尽管天地的运化是自发的，并且是无意识的，它却是善的。它可以生产、孕育、依靠，而且完全公正，所以，统御这些运化的阴阳仪性也是善的。无论生命体还是无机物，都是由有形之"炁"构成的，元"氣"的至善之性一直蕴藏其中。这就是张载所谓的"天性"或"天地之性"，它是蕴藏在每个人、每一物之中的，只不过一旦"氣"聚而成形，便会产生一种与物形相随、不可分割的气性，这种气性，也就是张载所谓的"炁质之性"，由生物的基本本能和每个事物的基本特征组成。一旦源于"炁质之性"的欲望得以滋漫而无所遏止，最终就会既贪且烈，所以说，这种"炁质之性"便成了世间恶的源头。

换句话说，人有两种本能——一种源于天性，另一种源自"炁质之性"。正如C.S.刘易斯所说："我们的本能在战斗。"[1]人怎样才能知道该顺从哪种本能，哪些本能来自天性呢？按照张载的说法，答案是人本身具有一种直觉能力，可以区别是非，分清善恶。张载称这种能力为"此心"。"此心"是虚的——无形却大公无私，一旦被运作，则"虚心"获得"德性所知"——直接洞悉物理，而无须感官的帮助。这种深不可测又不可言传的"神奇"能力，一直存在于人类身上。但是，由于恶习或者人滋生发展起来的"意、必、固、我"的"成心"[2]的滞阻，天性便被遮蔽而无法施展其效用。只有去除"成心"，恢复"虚"那种毫无先入之见的"此心"，人才能识得潜在的天性。

可是，人怎样才能制服"成心"呢？答案就是"此心"——制服"成心"的潜力——内在于人。人可以凭借自砺，即张载所谓的"学"来得之于己。"学"又分为两个阶段。第一阶段包括通过礼仪来正己之行；通过学习经籍、不耻下问和友朋析疑来了解"道"和自己的天性。这是一项艰巨的任务，需要巨大的决心和坚强的毅力，目的在于"开启……眼力……获得洞察的能力，以便区别好恶，达于至善"，并且"看清……拨开云雾之后的真实景象，和那些有别于耳闻的具体知识"[3]。换句话说，目的在于

---

1 C. S. Lewis, *The Abolition of Man* (New York: Macmillan Co., 1947, 1975), p. 48.

2 《论语》第九篇第4章。

3 见F. M. Cornford, *Before and after Socrates* (Cambridge: Cambridge University Press, 1932), pp. 47, 51。我对原文做了一些改动，原文为："……教育……可以开启心灵的眼睛，把它的视野从扭曲的偏见迷雾中转移开来，从实际上只不过拥有二手意见的知识的自负中脱离出来。"（第47页）所谓灵魂，则是："……它具有洞察力，能从邪恶中辨别出善，并准确无误地选择善。"（第51页）

发现"此心"。张载借空间形象来描述这种追求，一种寻找"此心"开启之"处"的追求。张载常常讲颜回寻到了此"处"，即"瞻之在前，忽焉在后"[1]之处。一旦人寻得此"处"，就应当坚自执之，不可动摇。若能自得其"中"，人便能迈向问学的更高阶段。在第二阶段，人的发展过程是自然而然的，大其"心"——将越来越多的范畴涵容其中——以至于最终能得其天性（也就是天道）和万物之中的"一"理。

所以说，人人都有成圣的潜质，因为天性存于自身，领悟和实现这种潜在直觉的能力也存于自身。可是，"此心"又为"偏见之迷雾与……妄知"所阻，正如张载比喻的那样，由于藤条的缠绕，使此心难以彰显。人们需要得到点拨，来去除这种纠缠，使心灵获得自由。因此，人们需要从往圣那里得到这样的指导，那些往圣通过自己的亲身经历证明成圣是可及的，现身说法如何成圣。此外，圣贤们还著书立说，传授成圣的学问。

圣人是识得了潜在天性的人。在张载的话语体系中，这样的人已经"尽性"了，他是"诚"的——作为一个诚信者，他完全依照自身天性中那个统御天地的阴阳极性行动。这样的人确实得"中"了，即已经达到那个"处"的状态，适境无碍，尽管这个适境之处是就个体而言又或因境而异的。圣贤以直觉悟得此心，即"知几"，故能料知事势的趋向。凭着这种智慧，他们便能得"时中"或"中正"。换言之，"中"之于人，常有移易，以

---

1 《论语》第九篇第11章。

事势之进退为本。圣人循之，进退随之，因而能允执厥中。适其境，即适其人。其进也如此，其动也豁如。正如孔子一般，"从心所欲，不逾矩"[1]。他们完全顺应时势，如大禹治水，唯依"其性之趋"[2]以疏导之，圣人"行其所无事"，便能"从容中道"。

圣人虚怀的意思，表明首先他是"无知"的。他就好比洪钟，寂如静如，击之则鸣，因此一旦被请教，他的答复既全面又允当——因为他的智慧大明。其次，圣人超越主观见解，获得无我之智，故能抓住纷繁万象背后的那个统一体，那个统诸万有的"一"，因此，他扮演着至关重要的角色——他必须"成天之功"。正是圣人示人以运化移易之序，换句话说，他揭示了变易中的恒常性。而且，为了规范人类的秩序，他不仅创制礼仪规矩，还用自己的道德力量去感召人们，使大家遵顺天道。

张载是一个志向宏大的人。他相信自己悟得了那个在孟子之后便已失传的圣人之道，并且他还想"为生民立道"，"为万世开太平"。他似乎在自己身上看到了一些圣人的影子。他想向人们揭示天地运化的秩序，并且引导人们去遵从它。因此，他为自己最后的著作，那本他去世前一年才赠予门人子弟的书，题名为《正蒙》，取义即源于《周易》的"蒙以养正，乃圣功也"。

虽然张载自视甚高，他的哲学思想的大部分内容却被其他学派，其中包括二程的洛阳学派所遮蔽。这个学派的哲学思想所使用的许多假定前提和讨论的许多问题，都与张载的相同。

---

[1] 《论语》第二篇第4章，译见Lau, *The Analects*, p.63。
[2] 《孟子·离娄下》，译见Lau, *Mencius*, p. 133。

二程的哲学思想对朱熹产生了支配性影响,并由朱熹集大成而为众所周知的"理学"。

二程的哲学

正如第一章所讨论的,许多11世纪的儒家学者对于某些假定前提是有共识的。他们满怀自信,且非常乐观——一种重新发现圣贤之道的快感。他们认为,这个"道"自孟子时代起就失传了,直到他们这个时代才得以重现。他们有一个共识,即认为"道"是唯一的,且这个"道"源自经籍。尽管诸经中关于"道"的描述因少数儒家学者的增补或抄写出错而导致含意混乱,但他们相信自己可以通过研读经籍来得其真意。换句话说,他们认为,只需专注于经籍中的常理,对那些龃龉晦涩的文字则无须忧心——因为那些都可以归结为后人的增饰。虽然如此,对他们来说,研玩经籍又并非终极目的:学者不应皓首穷经,而应研玩经籍以悟"道"。他们还认为,人人皆可成圣——即圣人是后天养成的,而非天生的。至于如何成圣,最好的例子就是颜回:《论语》、《周易》和《中庸》将他的趋圣之途记载得很详细。

这些共同的假定前提引出了一些问题:如果"道"是唯一的,那么它是什么?如果说佛教揭示的不是"道",那么它的教义到底错在哪里?人性是由什么构成的?各种经籍中对于这个问题的论述彼此矛盾,又应该如何调和?什么是心?如何养心？诸如此类，都是11世纪的思想家们试图解决的问题。

张载也运用了这些共同的假定前提，并对这些问题予以解答。二程的"洛学"也是如此。事实上，二程的思想在很大程度上跟张载的思想是一致的。[1]

二程跟当时人一般自信，认为他们已经重新发现了失传的"道"。比如，程颐曾经写信给程颢说：

> 秦汉而下，未有臻斯理也。谓孟子没而圣学不传，以兴起斯文为己任。[2]

对于张载的《西铭》，二程把它看成是张载对哲学思想所作的最大贡献。程颐的评价是：

> 此横渠文之粹者也……横渠道尽高，言尽醇，自孟子后，儒者都无它见识。（《二程遗书》第217—218页）

孟子之后，无人识"道"。二程相信自己识得了"道"，而张载则用《西铭》来表达这一点。

二程也认为"道"是唯一的：

1　在下面的讨论中，为了简便起见，我不打算对二程的思想进行区分。当然，正如许多学者指出的那样，他们的思想是不同的。但是，他们的共通之处很多，所以像本书这样只做简要论述，他们的思想可以一起被讨论。

2　《伊川文集》第七卷第6页。"斯文"是指《论语》第九篇第5章"天之未丧斯文也，匡人其如予何"而言，译见Lau, The Analects, p. 96。

> 道一也……天地人只一道也。(《二程遗书》第203—204页)

他们认为，人可以从经籍中悟"道"，而且人不应该被经籍中的语义问题所阻滞，以至于悟不透经籍中的常理。研习经籍的目的应放在悟"道"上，而非拘泥于文字细节：

> 善学者要不为文字所梏，故文义虽解错，而道理可通行者，不害也。[1]

因此，当被问到如何解释经籍中明显的矛盾龃龉时，程颐说：

> 学须是通，不得如此执泥。(《二程遗书》第242页)

二程坚持认为圣人是可以企及的。和张载一样，他们认为，习以成圣，才是"学"者唯一当致力之处：

> 学者不学圣人则已。(《二程遗书》第175页)

如何成圣的最典型例子是颜回，他只差一点点就可达到圣人的境界：

---

[1] 《宋元学案》第五卷第83页。

> 颜子去圣人，只毫发之间。（《二程遗书》第218页）

颜子几成圣人，并不是因为他有特殊的天分，而是因为他持之以恒、刻苦自砺。所以，他堪称学人的楷模：

> 孟子才高，学之无可依据。学者当学颜子入圣人，为近有用力处。[1]（《二程遗书》第19页）

因此，二程与11世纪的儒家学者们在这些假定前提上是有共识的——自信地认为他们已经重新发现了"道"；认为"道"是唯一的，而且是可以从经籍中得到的，尽管经籍中存在矛盾和晦涩的文字；他们相信圣人是可以企及的，颜回便是如何成圣的最好典范。跟张载一样，他们也是借着对这些假定前提所引出的问题的讨论，构建起自己的哲学体系的。

跟张载一样，二程非常重视"学"。他们对于"学"的意义的看法，也跟张载的相似：

> 学本是治心。（《二程遗书》第173页）

> 凡学之道，正其心，养其性而已。中正而诚，则圣矣。[2]

---

[1] 又见《二程遗书》第84页和第143页有关颜子的话。
[2] 《宋元学案》第五卷第97页。

换句话说,学意味着道德上的自砺,而不是简单的习业。比如,静坐也是一种学习方式:

> 伊川每见人静坐,便叹其善学。[1]

关于"学",二程所持的基本假定前提,也跟张载的一样。他们认为人性本善,但这种善性为浊"炁"所阻,难以识得。他们还认为,每个人的心中都蕴藏着可驱散此浊"炁"并识得天性的能力。这是一种直觉能力,它能获得"德性之知":

> 闻见之知,非德性之知……德性之知,不假见闻。[2]（《二程遗书》第348页）

由于身上已经存在这种能力,并且心又具有完全识得"天德"——即天性——这种内蕴于人的潜在的能力,所以:

> 心具天德。心有不尽处,便是天德处未能尽。(《二程遗书》第85页)

所以说,为学的目的,便是激活蕴藏在内心的那种潜能。由

---

[1] 《宋元学案》第五卷第100页。

[2] 转引自Graham, *Two Chinese Philosophers*, p. 15。译者按:英文本原可译为:"闻见之知,非德性之知;德性之知,不假见闻。"经查中文原著,却是:"闻见之知,非德性之知。物交物则知之非内也,今之所谓博物多能者是也。德性之知,不假见闻。"所以特别指出,译时在两句之间增加省略号以示之。

于潜力是已经存在的，所以只要人愿意发掘，便可以获得成功。如若发掘不出来，那么只能怪他意志不坚定：

> 学者为气所胜，习所夺，只可责志。(《二程遗书》第172页)

至于学习的具体细节，二程提倡的方法之一是"诚"——即恭肃沉着。对此他们解释为"主一"[1]：

> 闲邪则诚自存[2]，不是外面捉一个诚将来存着。今人外面役役于不善，于不善中寻个善来存着。如此则岂有入善之理？只是闲邪则诚自存……敬只是主一也，主一，则既不之东，又不之西，如是则只是中。既不之此，又不之彼，如是则只是内。存此则自然天理明。(《二程遗书》第165页)

二程也强调阅读正确的书籍，这一点和张载一样。他们首先推荐阅读的是《论语》《孟子》：

> 学者先须读《论》《孟》。穷得《论》《孟》，自有个要约处，以此观他经，甚省力。《论》《孟》如丈尺权衡相似，以此去量度事物，自然见得长短轻重。(《二程遗书》第227页)

---

[1] 参见Graham, *Two Chinese Philosophers*, pp. 67—73, 有关二程对这个概念的讨论。后面的文字源自Graham, *Two Chinese Philosophers*, pp. 71—72。

[2] 参见《周易·乾卦·文言》。

尝语学者：且先读《论语》《孟子》，更读一经，然后看《春秋》。先识得个义理，方可看《春秋》。（《二程遗书》第181页）

跟张载不同的是，二程认为只要方法得当，读史也有助益：

凡读史，不徒要记事迹。须要识治乱安危、兴废存亡之理……是亦学也。（《二程遗书》第255页）

二程还借用《大学》中的"格物"[1]来描述学习的过程。他们对"格物"这一存在争议的概念解释如下[2]：

格，至也；物，事也。事皆有理，至其理，乃格物也。[3]

借着格物，人最终会得"觉悟"，也就是得"理"：

问：学何以有至觉悟处？曰：莫先致知，能致知，则思一日愈明一日，久而后有觉也。学而无觉，则何益矣？（《二程遗书》第207页）

---

1 《大学》第一章第五段，译见Legge, *The Chinese Classics* v.1, *The Great Learning*, p. 358。

2 见D.C. Lau, 'A Note on Ko-wu,' in *Bulletin of the School of Oriental and African Studies*, 30(1967), pp. 353—357。

3 《河南程氏外书》，见《二程全书》(《四部备要》本)第二卷第4页；参见Graham, *Two Chinese Philosophers*, p. 74。

二程认为物物皆有理存，所以应当"察"：

> 语其大，至天地之高厚；语其小，至一物之所以然，学者皆当理会……一草一木皆有理，须是察。[1]（《二程遗书》第214页）

不过，不应将格物理解为科学探究，格物只是理解道德意义上的"理"的一种尝试：[2]

> 如一事上穷不得，且别穷一事……如千蹊万径，皆可适国，但得一道入得便可。[3]（《二程遗书》第174页）

目的不在于理解事物的个别之理。"格物"是为了"适国"——理解那个根本之理的手段。

"理"是二程学派中最基本的概念。葛瑞汉称许衡（1209—1281）对于"理"的定义与二程对这个术语的使用是一致的："……至于天下之物，则必各有所以然之故与其所当然之则，所谓理也。"[4]事实上，在二程的著作中，有些段落中的某物之"理"指的是"所以然之故"，只是他们从来没有解释一物为什么为该物，可见"所以然之故"并非他们关注的重点。他们认为各个事

1　最后一句转引自Graham, *Two Chinese Philosophers*, p. 79。

2　参见W. J. Peterson, 'Fang I-chih: Western Learning and the "Investigation of Things"', *The Unfolding of Neo-Confucianism*, p. 377, Graham, *Two Chinese Philosophers*, p. 79。

3　转引自Graham, *Two Chinese Philosophers*, p. 78。

4　转引自Graham, *Two Chinese Philosophers*, p. 8。朱熹对于"理"的使用与二程是一致的。参见Y. S. Kim, 'The World-View of Chu His,' p. 17。

物的"理"，都是唯一、至上的"**理**"[1]的一部分：

> 万理归于一理也。（《二程遗书》第216页）

这个包含万理的"**一理**"是什么，二程并未谈到。任何包含世间所有事物各具之理的东西，都不能被详细描述。不过，葛瑞汉已经很好地描述了这个**理**可能是什么："……理非言物之特性，而是依自然秩序所必当成其业。每件事都有一个理与之相随，父当慈子当孝，火必炎而水必寒。"[2] 换句话说，依"**理**"，为人子就应该尽孝。为人子却不尽孝，也有它的理——因为每个事物的存在都有它的理在——只是为子不孝就不是孝的"**理**"了。对于每个人或者每一件事来说，"**理**"就是让它按照其角色毕其功：

> 为君尽君道，为臣尽臣道。过此则无理。（《二程遗书》第84页）

> 箕不可以簸扬，则箕非箕矣。斗不可以把酒浆，则斗非斗矣。[3]

---

1 我将用字体加粗（译者按：英文为"大写"，因中文无法加以区别，所以将字体加粗）的"理"来指代唯一的包容万有之"理"，而用字体没有加粗的"理"来指事物各具之"理"。

2 Graham, *Two Chinese Philosophers*, p. 18。译者按：英文原文在此注前出注文："葛瑞汉著作第11页。"但检核正文，不见所注何处，而所引葛瑞汉文字仅此一段，故译时并为一注。

3 《河南程氏经说》第八卷第7页，见《二程全书》。译见Graham, *Two Chinese Philosophers*, p. 19。

如果某个事物没有毕其功——即没有得那个"**理**"——它就不能说"真的"是那个事物：

> 实有是理，乃有是物……皆无是理，虽有物象接于耳目，耳目犹不可信，谓之非物可也。[1]

如此一来，格物就是努力去悟那个道德意义上的终极之"**理**"：

> 致知，但知"止于至善"[2]。为人子止于孝、为人父止于慈之类，不须外面，只务观物理，泛然正如游骑无所归也。(《二程遗书》第109页）

这个"理"也存在于人的本性中。也就是说，人的天性，由孟子所描述的"善之四端"[3]构成。如果四"端"得以扩充，便可使人一变而得仁、义、智、信。因此，四"端"是"**理**"的一部分，因为它们使一个人能够恰当地扮演人的角色——它们使他成为人。

与张载一样，二程认为"知即德"[4]。也就是说，人若能得其天性之真，便可以实现其潜能：

---

1 《河南程氏经说》第八卷第6页。
2 《大学》第一章第1段，译见Legge, *The Great Learning*, p. 356。
3 《孟子·公孙丑上》。参见诸如《二程遗书》第226页, Graham, *Two Chinese Philosophers*, p. 53。
4 参见Graham, *Two Chinese Philosophers*, pp. 80—81。

须以知为本。知之深，则行之必至，无有知之而不能行者。知而不能行，只是知得浅。(《二程遗书》第181—182页)

知与行是一体的。你可以通过一个人的行为来判断他是否已知；若其行为不端，就说明他仍然不知。

二程用这样的观点驳斥佛教徒。佛教徒倡导遁迹出家，绝缘尘俗——从这里便可以看出他们不懂那个"道"：

释氏之说，若欲穷其说而去取之，则其说未能穷，固已化而为佛矣。只且于迹上考之，其设教如是，则其心果如何……故不若且于迹上断定不与圣人合。其言有合处，则吾道固已有；有不合者，固所不取。如是立定，却省易。[1](《二程遗书》第172页)

佛门教义诱人至甚，所以人必须小心谨慎，以免自己"化而为佛"。二程告诫门人要远离佛教：

学者于释氏之说，直须如淫声美色以远之。不尔，则骎骎然入于其中矣。(《二程遗书》第26页)

二程还试着用他们的"理"的观念批驳佛理：

---

[1] 转引自Graham, *Two Chinese Philosophers*, p. 88。

学禅者曰：草木鸟兽之生，亦皆是幻。曰：子以为生息于春夏，及至秋冬，便却变坏，便以为幻。故亦以人生为幻，何不付与他物：生死成坏，自有此理，何者为幻？[1]（《二程遗书》第4页）

不过，正如葛瑞汉所说："这样的辩论只证明了理的真实性，却没有证明动物、植物和人的真实性。"[2]总的来说，二程排佛是"基于常识而不是逻辑"[3]。

总之，二程所持的假定前提与张载的相同，而且从相同的经籍文本中提出解决相同问题的方案，只是他们在"**理**"的概念上与张载有所区别，前者把这个概念作为其哲学的基础，并通过它去排佛。在后文中，我将更加详细地讨论这两大学派之间的差异。

两大学派的差异

张载的哲学与二程思想的一些差异只是程度问题。一个学派的许多概念，在另一个学派里也会出现，区别只在于对它们的重视程度不同；此外，对于某些概念，一个学派可能将其置于更为中心的位置。

---

[1] 转引自Graham, *Two Chinese Philosophers*, p. 89。

[2] Graham, *Two Chinese Philosophers*, p. 90.

[3] Graham, *Two Chinese Philosophers*, p. 85.

二程学派的基本概念是"**理**"。一个事物的产生，便有"**理**"存在，而每个事物的理，都是那唯一至上的"**理**"的一部分——每个人、每个事物，在和谐的社会中，都各自扮演着他们相应的角色。这个"**理**"，不仅是标准，还指与其所扮演的角色相对应的正确的行为。遵照角色的要求而行，便是遵循"**理**"了。不恰当的行为也存在"理"，但那就不是至"**理**"了。

在张载的思想中，没有与"理"相对应的概念。他把"理"看成是"气"的一种特性，即一个人或一个事物区别于其他人与物的独特质性。[1] 张载认为，"氣"按照每个事物的"理"凝而成器，但是，他不认同有一个至"**理**"统御着每个事物之"理"这样的观点。

张载的哲学以《周易》为基础，他从变易的角度审视世界，认为世界是"气"以阴阳二仪的相感互应为基础，生化出来的绵亘不绝的聚散过程。二程也接受变易的观点，把变易看成是阴阳二仪的相辅而成，看成是天地的基本特性，但是，这个概念在他们的哲学体系中并不像在张载的哲学体系中那样占据同样重要的地位，而且他们对《周易》的运用，也与张载的不同。张载对《系辞》做了长篇论述，构成《横渠易说》的一部分。在《正蒙》中，大约五分之一的篇幅是对《周易》的引申和评论。与之相反，程伊川却称无须对《系辞》作注解，因为它本身就出自圣

---

[1] 张载确实偶尔使用"天理"一词（如《张载集》第23页），不过在其哲学思想中，"天理"并不是一个重要的概念。

人之手。[1]此外，与张载不同的是，二程不把《周易》作为其宇宙观的来源之一，正如葛瑞汉所说："……从其师胡瑗之说，(程颐)斥《周易》为筮本，而视八卦为六十四种道德说教。"[2]

二程与张载对《周易》强调的程度不同，还可以从下面的例子中看出。正如我们所看到的，张载对《论语》"君子无所争"一句进行了独特的解释，借以说明二仪的交替：

"君子无所争"，彼伸则我屈，知也；彼屈则吾不伸而伸矣。又何争？（第36页）

与之相反，程氏却全凭原文做出了更为直接的解释：

"君子无所争"，必也射乎。故曰"揖让而升，下而饮，其争也君子"[3]。言不争也。若曰其争也，是君子乎？[4]（《二程遗书》第116页）

程氏的解释，揭示的是原文的意思——即使在某种情景下显示出了争斗之象，君子也能遵从适可而止的原则，因而并不是真正的争斗。这就是孔子以"其争也君子"结尾而非简单地

---

1 参见Graham, *Two Chinese Philosophers*, p. 143。译者按：关于这段引文，原著称转引自葛瑞汉的著作，但葛瑞汉没有注明出处。检中华书局版《二程集》并没有这几句话，故翻译时不作引文处理。
2 Graham, *Two Chinese Philosophers*, p. 143.
3 转引自Lau, *The Analects*, p. 68。
4 参见《河南程氏经说》第六卷第3页同一段话。

用"其争也"结尾的原因。张载却不同，他引用了这段话的第一句，用以说明人应该遵循阴阳二仪的互感之道。他是这样解释这段话的：

"君子无所争"，知几于屈伸之感而已。（第36页）

在张载看来，理解《周易》能够使人懂得"知几于屈伸之感"，而《论语》这一章所讲的就是已经懂得这一点的人。

两大学派对于"利"这个术语的阐述，也表明张载更重视《周易》。"利"的第一层含义是"趋利"或者说"有利"，第二层含义是"获利"或者说"便利"。如前所述，"利"的第一层含意，是《周易》中的重要观点，在张载的思想中也是如此。但孟子用第二层含意去解释"利"[1]，因此对"利"颇有微词。程颐则试着调和"利"的两层含意[2]：

天下只是一个利，孟子与《周易》所言一般。只为后人趋着利便有弊，故孟子"拔本塞源"[3]，不肯言利。其不信孟子者，却道不合非利，李觏是也。[4]其信者，又直道不得近利。人无利，只是生不得，安得无利？且譬如椅子，人坐此

---

[1] 《孟子·梁惠王上》。
[2] 在这段文字中，我不翻译"利"，因为程颐使用它时有两层含意。
[3] 《左传·昭公九年》，译见Legge, *The Chinese Classics* v.5, *The Ch'un Ts'ew with the Tso Chuen*, p. 625, 将其译为"Tear up the root, stop up the spring"。
[4] 参见李觏：《富国策第一》，见《李先生集》第十六卷第1页，其中有对于11世纪的学者蔑视"利"的批评。

便安，是利也。如求安不已……无所不为……利只是一个利，只为人用得别。(《二程遗书》第238页)

作为道学先生，程颐认为"利"是应当的，甚至是必需的——利用椅子让人身体安稳就是一例——只有求利过分，才会坏事。张载却不同，他从《周易》的"趋利"或"有利"来解释"利"，并将其作为他哲学体系中的重要概念。

此外，两大学派对"气""太虚""阴阳"的解释，也存在一些分歧。二程并不接受张载"气"之聚散循环的说法，他们坚持"炁"是不断新生的。程颐就说：

若谓既返之气，复将为方伸之气，必资于此，则殊与天地之化不相似。天地之化，自然生生不穷，更何复资于既毙之形？[1]（《二程遗书》第164页）

程颐虽然没有讲"气"归于何处——但他否定了归于本源的见解：

凡物之散，其气遂尽，无复归本原之理。[2]（《二程遗书》第180页）

程颐认为，"气"并没有"复"到什么地方去，而是伴随个体

---

[1] 转引自Graham, *Two Chinese Philosophers*, p. 42。
[2] 转引自Graham, *Two Chinese Philosophers*, p. 27。

的亡故而消失,又伴随新生命的诞生,产生了新的"气"。因此,从这一角度看,他们提到"既返之气",无非是想借此批驳张载的思想,因为后者坚持认为"炁"散便归源了。

程颐把"真元"的存在看成是"气"的起源,[1] 他似乎相信有各种各样的"气"——真元之"气"、人之"气"和天之"气":

> 人之气生于真元,天之气亦自然生生不穷。[2]（《二程遗书》第165页）

> 真元之气,气之所由生,不与外气相杂,但以外气涵养而已。若鱼之在水,鱼之性命,非是水为之,但必以水涵养,鱼乃得生尔。人居天地气中,与鱼在水无异,至于饮食之养,皆是外气涵养之道。出入之息者,阖辟之机而已。所出之息,非所入之气,但真元自能生气,所入之气,止当阖时,随之而入,非假此气以助真元也。（《二程遗书》第183页）

程颐的"气"与"真元"两个概念相当混乱,所以没有被后世思想家所采纳。但是,程颐明确拒绝张载关于"气"之聚散循环的观点。

二程也不接受张载的"太虚"概念:

---

1 参见冯友兰《中国哲学史》第二卷第513页,Graham, *Two Chinese Philosophers*, p. 42。

2 这段文字和后面一段文字,均转引自Graham, *Two Chinese Philosophers*, p. 42。

曰："亦无太虚。"遂指虚曰："皆是理，安得谓之虚？天下无实于理者"。[1]（《二程遗书》第71页）

正如葛瑞汉所讲的，这样的批评实在有失公允，因为张载认为"虚"并非"不真实"，而是由散逸状态的"氣"组成的。[2]

在探讨阴阳究竟是形而上还是形而下时，二程与张载也存在分歧。张载主张阴阳运化便是"道"，是形而上的：

> 一阴一阳是道也。（第187页）

> 一阴一阳不可以形器拘，故谓之道。[3]（第206页）

二程却不同，认为阴阳互感并不是"道"，更确切地讲，道是阴阳互感的所以然：

> 所以阴阳者道。[4]（《二程遗书》第179页）

> 道非阴阳也，所以一阴一阳，道也。（《二程遗书》第72页）

这样的解释似乎有些牵强，因为《系辞》中说："一阴一阳

---

1 参见Graham, *Two Chinese Philosophers*, pp. 14, 125, 又见《二程遗书》第130、21页。
2 参见Graham, *Two Chinese Philosophers*, p. 14。
3 葛瑞汉称"对所有新儒家来说，阴阳……都是形而下的"（第122页），这是不准确的。
4 有关这一段和下一段文字，译见Graham, *Two Chinese Philosophers*, pp. 122—123。

之谓道。"[1]朱熹和二程一样，想坚持区分形而上与形而下，所以他便采用了二程之说。

总之，二程学派的核心概念是"理"。作为社会和伦理的规范或者标准，"理"是每个人或每个事物都要遵循的。张载的思想体系却不是这样，其最核心的概念是"气"及其阴阳特性。天地间每一事物的产生，都是由阴阳二仪互感所致。人如果能识得自己身上同样出于阴阳二仪的潜在天性，便完全可以因势利导。

探讨张载哲学与二程哲学间的不同是非常有意思的。在某种程度上，那些不过是哲理上的差别。二程拒绝张载的某些思想，可能是因为他们担心这些思想与佛教教义相似。尤其是张载对"太虚"的使用，以及他关于"气"的聚散循环的理论，确实与佛教教义有相似之处。程颐就这样说：

> 世人之学，博闻强识者岂少？其终无有不入禅学者。就其间特立不惑，无如子厚、尧夫，然其说之流，恐未免此敝。（《二程遗书》第188—189页）

换句话说，程颐认为张载的理论与佛教教义的界线不够分明，可能导致自制能力较弱的人误陷佛教，所以，他便自视为追随孟子的"拔本塞源"者，从而彻底消除学子在悟"道"时混

---

[1] 《系辞上》第4段。

淆和被污染的可能性。

二程批评张载，可能还有另一个原因。可想而知，二程其实并没有完全理解张载的哲学。我曾经指出，他们对佛教是很有自信的："其言有合处，则吾道固已有；有不合者，固所不取。"[1]他们自认为已经悟"道"，如果别人的理论与他们的一致，他们就接受，否则便视为错误。从下面他们对王安石哲学的评价，也可以看出这一点："伯淳尝与杨时读了数篇，其后尽能推类以通之。"[2]二程对张载的批评，有时似乎就是不假思索地拒绝，根本没有试着去理解张载的意思。比如，尽管张载的说法明明不是这个意思，程颐还是要讥评"太虚"是无实的。这或许可以作为程颐片面理解张载思想的一个例子。同样地，程氏似乎也没有理解张载对于"气"的重新定义，并把它用来连结形而下和形而上两个领域，从而驳斥佛教视形而下的世界为虚幻的观点。程氏坚持认为，"气"是且只能是形而下的：

有形总是气，无形只是道。（《二程遗书》第90页）

而且，正如我们前面所看到的，程颐说：如果任何事物都是由"氣"构成的，那么即使是张载所理解的"太虚"，也不能被用来描述"道"：

---

1 《二程遗书》第172页。
2 《二程遗书》第28页。

若如或者以清、虚、一、大为天道，则乃以器言而非道也。(《二程遗书》第90页)

称"清、虚、一、大"为"器"，便意味着是形而下的、有形的东西。可是，张载明确指出"太虚"是无形的，是混沌未判的"氣"。所以说，二程拒绝张载的理论，或许是由于他们没有完全理解张载所说的"气"和"太虚"的意思。

另一方面，二程又把张载的《西铭》视为杰作，且称誉不已。[1] 二程认为，这是对他们"理一分殊"观点的完美表达。比如，程颐的某位门人就曾记录他向程颐请教的过程：《西铭》难道不是在提倡墨子的"兼爱"吗？程颐答道：

《西铭》之为书，推理以存义，扩前圣所未发，与孟子性善养气之论同功，岂墨氏之比哉？《西铭》明理一而分殊。[2]

但是，"理"这个术语并不见于《西铭》，而且，也没有证据证明《西铭》的主旨在于"明理"。此外，与二程把《西铭》视为自圣贤时代以来最重要的文章相反，张载这样解释自己这篇文章的主旨：

1　参见诸如《二程遗书》第15、17、23、41、84、217页及《二程粹言》第一卷第23—24页。
2　《尹和靖集》(《丛书集成简编》本) 第5页。《宋史》也曾引用程氏此论，见《宋史》第四百二十七卷第12725页。译者按：这几句话又见《二程文集》第十卷《答杨时论西铭书》。

《订顽》[1]之作,只为学者而言,是所以"订顽"。天地更分甚父母?只欲学者心于天道。若语道,则不须如是言。[2]（第313页）

张载显然不像二程那样推崇《西铭》,只是他却因《西铭》而被人铭记。《西铭》是《宋史·张载传》中唯一被提到且被全文载录的张载的文章,这在很大程度上是因为程氏学派在后来的"道学"传承中占据了主导地位,而他们对张载的看法便被人们作为正确的观念所接受了。

程学的胜出

根据朱熹所描述的道统历史,周敦颐为"道学"鼻祖,[3]其学一传至于二程,再传至于张载、邵雍。但正如葛瑞汉所论证的,周敦颐和邵雍并不是11世纪"道学"运动的参与者。[4]我这里把重点放在张载与二程的关系上。

1077年,张载辞世。作为张载的大弟子,吕大临（1042—1090）于1079年入洛,求学于二程。[5]1080年,程颐游关中,也许就是

---

1 这是张载为其文章所起的原名,程氏更之曰《西铭》。见《河南程氏外书》第十一卷第6页。
2 我此处从《张载集》的校勘。
3 朱熹:《伊洛渊源录》,台北:文海出版社,1968;《宋史》第四百二十七卷第12709—12710页。这种"道统"说,为陈荣捷（*A Source Book in Chinese Philosophy*）和冯友兰所遵从;J. Percy Bruce, *Chu Hsi and his Masters* (London: Probsthain, 1923), pp. 29—30, 48,亦持此论。
4 参见Graham, *Two Chinese Philosophers*, p. 125。张岱年也注意到周敦颐对张载和二程并没有什么重要的影响,见《张载集》"介绍"部分第14页。
5 参见《二程遗书》第2页的标题。

为了招张载的弟子入其门。[1]张载亡故后,程颐对于关学的评价是:"关中学者,以今日观之,师死而遂倍之,却未见其人,只是更不复讲。"[2]由于老师去世,张载的弟子们便渐渐散去,不少人入洛,问学于二程。[3]他们当中或许还有坚守张载教诲之人,比如说,程颐就曾抱怨张载早期的弟子范育太过固执,不似吕大临那么灵活:"巽之凡相见须窒碍,盖有先定之意。与叔据理却合滞碍,而不然者,只是它至诚,便相信心直笃信……"[4]程颐也曾抱怨吕大临:"吕与叔守横渠学甚固,每横渠无说处,皆相从。才有说了,便不肯回。"[5]不论起初如何困难,程颐之学最终还是兴盛起来了。事实上,吕大临后来还成为洛阳学派的四大弟子之一。[6]

程颢卒于1085年,程颐卒于1107年。当道学的继承者,包括张载的那些入室弟子们开始深入研究张载和二程之学时,他们希望程颐能解决自己心中的疑惑。《二程遗书》中有很多这样的例子。众门人(包括张载的早期弟子吕大临和苏昞)曾就精微之处的细节或观点向程颐请教,那些都是张载在世时未曾涉及的。[7]这么看来,道学所构建出的道及其起源的历史,是由程颐及其追随者

---

1 参见《二程遗书》第十五章的部分内容。
2 《二程遗书》第52页。
3 参见《二程遗书》第222页,有关张载门人苏昞所提出的问题和程颐的答复。
4 《二程遗书》第27页。
5 《二程遗书》第290页。
6 参见《宋史》第三百四十卷第10848页。其他弟子如谢良佐(1050—1103)、游酢(1053—1123)和杨时等。
7 参见诸如《二程遗书》第222、226页。

拟定的。

二程的门人杨时的记述是：道学，包括张载的思想，都源于二程的思想：

> 横渠之学，其源出于程氏，而关中诸生尊其书，欲自为一家。[1]

朱熹也说张载的思想来自二程，[2]《宋史》亦从其说。[3]

程门中人更有甚者，说张载一见到二程，便大为折服，于是尽弃其学。比如，游酢(1053—1123)就赞誉其师程颢：

> 既而得闻先生论议，乃归谢其徒，尽弃其旧学，以从事于道。[4]

再如尹焞[5](1071—1142)：

> 横渠昔在京师，坐虎皮说《周易》，听从甚众。一夕，二程先生至，论《易》。次日，横渠撤去虎皮，曰：吾平日为诸公说者，皆乱道。有二程近到，深明《易》道，吾所弗及。汝

1　《龟山集》第87页，译见Graham, *Two Chinese Philosophers*, p. 176。
2　参见《伊洛渊源录》(《丛书集成简编》本)第60页。
3　参见《宋史》第四百二十七卷第12723页。
4　《二程遗书》第367页，译见Graham, *Two Chinese Philosophers*, p. 176。
5　《河南程氏外书》第十二卷第15页将下段文字的作者记为尹焞。

辈可师之。横渠乃归陕西。[1]

张载的门人吕大临于1079年入洛学之门，记其先师则称：

> 嘉祐初，见洛阳程伯淳、正叔昆弟于京师，共语道学之要，先生涣然自信曰："吾道自足，何事旁求！"乃尽弃异学，淳如也。[2]（第381—382页）

以上两段话都被收录到《宋史·张载传》中。虽然这些说法的真实性存疑，但许多现代学者都是认同的。[3]不过，有证据表明，这类关于二程哲学与张载思想关系的言论，是两派相争的结果。再说，这些言论都出自程氏门人是不争的事实——他们最终给出这样的定评，无非是希望借此证明与张载的思想相比，程氏学派的思想更胜一筹。

事实上，在哲学思想上，张载与二程之间是彼此借鉴的。张载的书札现已不存，但二程写给张载的信，存留下来的有三封，信中用的是"友朋声口"[4]。这些信札表明，两派之间是相互影响的，并非一派胜过另一派。

1　《河南程氏外书》第十二卷第13页。

2　对第一句我改用最初的版本，依据的是朱熹的说法，见《河南程氏外书》第十一卷第4页。

3　例如，《宋史·张载传》和冯友兰《中国哲学史》第二卷第477—478页曾引用之。陈荣捷在他所写的张载传中，也从《宋史》之说。见 Sung Biographies, ed. Herbert Franke (Wiesbaden: Steiner, 1976), v.1, p. 40。

4　Graham, *Two Chinese Philosophers*, p. 177。其中一封信出自程颢之手，存于《明道文集》，见《二程全书》第三卷第1页（译见Graham, *Two Chinese Philosophers*, p. 102—104），另外两封是程颐所写（见《伊川文集》第五卷第4—5页）。

更重要的是，二程直到张载于1077年去世后才开始授徒。现存的程氏语录和著作，出现在1077年之前的很少。[1]在二程的著作中，有许多关于张载的评说，不是接受他的某些观点，就是驳斥他的某些观点，还对他的《西铭》赞誉有加。在张载的著作中，却没有看到关于二程思想的评价。根据这两点，以及张载较程颢还要年长十二岁这一事实，足以表明所谓的影响，更可能是张载影响二程。

程颐曾经批评吕大临关于两大学派关系的看法。我们若以上文的观点去看，就会发现他的批评十分微妙：

> 吕与叔作《横渠行状》，有"见二程，尽弃其学"之语。尹子言之。先生曰："表叔平生议论，谓颐兄弟有同处则可，若谓学于颐兄弟则无。是事顷年属与叔删去，不谓尚存斯言，几于无忌惮。"[2]

吕大临为了让程颐认可他写的《横渠行状》，便将那句有冒犯嫌疑的话改为"尽弃异学，淳如也"[3]。

除了程颐的否认以外，根据常识，我们也会对程门弟子提出的这种说法产生疑问。他们三人在开封会面时，是准备参加

---

[1] 参见Graham, *Two Chinese Philosophers*, p. 177。

[2] 《二程遗书》第十一卷第4页，转引自Graham, *Two Chinese Philosophers*, p. 177。张岱年和侯外庐也曾注意到程颐的这类议论。参见《张载集》"介绍"第13—14页；张岱年：《张载：十一世纪中国唯物主义哲学家》，武汉：湖北人民出版社，1956，第6—8页；侯外庐：《中国思想通史》，第四卷第一章第562页。

[3] 《河南程氏外书》第十一卷第4页，译见Graham, *Two Chinese Philosophers*, p. 177。见《张载集》第382页。

进士考试。当时程颐年仅二十三岁,哥哥程颢二十四岁。当时张载三十六岁,尽弃其所学而师事子侄之辈[1]似乎不大可能。考虑到十五年后张载写下的对二程颇为傲慢的评论,他尽弃其所学而以二程为师就更不可能了。

> 二程从十四岁时便锐然欲学圣人,今尽及四十未能及颜闵之徒。小程可如颜子,然恐未如颜子之无我。[2](第280页)

因此,二程与张载之间的矛盾冲突,可能源于二程对张载的思想未能完全理解,因为过度自信导致他们对被其否认的思想弃之不顾。事实上,今天张载以《西铭》这篇并不是他自视最有价值的文章闻名,也是受程氏学派影响的结果。

关学后来的历史我们所知甚少,我们所能得到的关于张载及其门人的信息,都来自程氏门人的记述。正如18世纪的学者全祖望所说:"横渠弟子坿于洛中,而自吕、苏、范以外寥寥者。吕、苏、范皆以程氏而传,而南渡后少宗关学者,故洛中弟子虽下中之才皆得见于著录,而张载诸公泯然,可为三叹!"[3]张载哲学被洛学所借鉴吸收的事实掩盖了这样一个实情:张载其实是一位独立的思想家,是新儒学的奠基人之一。

1　参见黄景进:《北宋四子修养方法论》,台湾政治大学硕士论文,1970,第79—81页。又见渡边秀方著,刘侃元译:《中国哲学史概论》,台北:台湾商务印书馆,1964,第3页。

2　参见上文第177页注4。

3　《宋元学案》第九卷第63页。

后记

Epilogue

后记

本书着重讨论的是张载及其学派与二程学派的关系。这两大学派并非当时仅有的学派：11世纪是一个学术多元化的时期，其他诸派及知识界的阵营分野，不在本书的讨论范围之内。[1]事实上，正如第一章中所述，这一时期的许多活动都可以被视为建立一种正统，一种新的社会政治精英所需的意识形态的尝试。我在这里要总结的，是道学运动在13世纪取得正统地位之前，在当时的政治背景下的历史概况。因为在这一期间，政治上的党争与哲学上的歧见相互纠缠，在中国历史上可谓达到了空前的程度。

1069年，王安石任宰相，开始致力于政治改革。他想利用自己的政治权势来使其哲学思想得以制度化，便向皇帝奏称："今人才乏少，且其学术不一，异论纷然，不能一道德故也。欲一道德，则当修学校，欲修学校，则贡举法不可不变。"[2] 1075年，王安石的《三经新义》被定为科考和学校的标准教材。众多文坛领袖因为反对王安石新政被罢免。自那以后，党争愈演愈烈，范围越来越大。二程及其追随者是反对王安石的主要成员，此后一百五十年的道学兴衰，也就被道学家的政坛起落所左右了。

王安石新政持续到1085年宋神宗驾崩。由于新帝尚幼，高

---

1 一般来说，在11世纪的最后二十五年里，有四大"学派"或阵营存在，它们分别以王安石、二程、苏轼和司马光为首，由其追随者们构成。后三个学派联合起来反对王安石一派，参见陈邦瞻、冯琦辑：《宋史纪事本末》，北京：中华书局，1977，第四十五卷第440页（凡涉此著，仅注卷数与页码），又见于Bol, 'Culture and the Way in Eleventh Century China,' pp. 78—79，以及Liu, *Reform in Sung China*, pp. 27—29。

2 《宋史纪事本末》第三十八卷第372页。

太皇太后临朝听政。她颁旨诏回王安石的政敌,虽然他们的政见存在相当大的分歧,但他们还是立即着手废止王安石的新政政策。[1]他们所关注的领域之一,便是科考与学校的体制。在司马光和程颐的主持下,政府进行了许多改革,包括恢复举荐制度和诗赋取士(这些都曾被王安石废止)、立即结束王安石所作注疏的独尊状态。他们还禁止考生引用王安石的《字说》。变化如此之快,以至于众多按照王安石的言论准备科考的人都大为惊讶,他们抗议新帝不明儒道,"三年无改于父之道,可谓孝矣"。司马光驳斥了这种异议,说王安石之政危害最深,因而"改之当如救焚拯溺"[2]。这一群体在元祐时期(1086—1093)一直掌权,因此他们后来被统称为元祐党人,尽管他们内部存在分歧。

1093年,高太皇太后病逝,神宗之子哲宗亲政。哲宗决定恢复父亲的政策,于是起用王安石的支持者,即1085—1086年期间被贬的官员。1094年,哲宗起章惇(1035—1106)为尚书左仆射兼门下侍郎[3]。章惇以"司马光奸邪,所当先辨,势无急于此"作为急务。[4]章惇和蔡卞(1048—1116)甚至奏请将司马光和吕公著(1018—1089)掘墓扬尸。[5]哲宗虽然没有允许那么做,却削夺了司马光和吕公著的赠谥。章惇及其党人随即着手肃清政府中的反对者,贬斥流放了很多人。1097年,程颐被贬。他在元

---

[1] 参见《宋史纪事本末》第四十三卷第414—426页有关政策被废止的细节。

[2] 《宋史纪事本末》第四十三卷第413页。

[3] 译者按:英文原为"as grand councilor",检《宋史》之《哲宗本纪》及《章惇传》,知为尚书左仆射兼门下侍郎。

[4] 《宋史纪事本末》第四十六卷第449页。

[5] 参见《续通鉴》第八十三卷第2125—2126页。

祐时期对科考所做的改革也被废止，其中当然也包括禁止引用王安石的《字说》。

1100年初，哲宗驾崩，因为没有储嗣，他的弟弟承统继位，是为徽宗。因为有向太后的支持，元祐党人得以暂时得势，其中有几位成员获任要职，而章惇、蔡京(1047—1126)及其余党，则遭到贬谪。朝廷想平息党争，1100年末，下诏禁止一边倒和私结朋党。第二个月，朝廷颁布了新的年号"建中靖国"以示政和。但是，1101年初，向太后驾崩，新党以"绍述"为口号，劝徽宗行其父之政，开始占据上风。1101年末，蔡京作为王学领袖，被任命为端明、龙图两学士，[1] 1102年又被任命为尚书左丞、吏部尚书。[2] 蔡京被任命的当月，元祐之政即被禁止，两个月之后，蔡京让人在宫门外立了一个石碑，元祐党人和在1100年支持他们的人，都被列名碑上，共达120人。[3] 更加详细的名单，也被列了出来，上面共有500多人。罪行分为三等：恶、较恶、最恶。1102年末，元祐学术被禁，三个月后，皇帝颁诏：党人碑上被列名者，其子不得入都。一个月后，再颁诏禁毁了程颐的著作。1103年末，蔡京自拟一"奸党"名单，令列名刻石上碑，广布州府。由于皇帝开始厌恶党争，于是在1104年下令将

1　译者按：英文原作"director of the Department of State Affairs"。检《宋史·蔡京传》，徽宗即位时，蔡京并没有担任重要职务："徽宗即位，罢（京）为端明龙图两学士知太原，皇太后命帝留京，毕史事。逾数月，谏官陈瓘论其交通近侍，瓘坐斥，京亦出知江宁……（童）贯日以达禁中，且附语言论奏至帝所。由是帝属意京……起京知定州。崇宁元年，徙大名府。韩忠彦与曾布交恶，谋引京自助，复用为学士承旨。"则蔡京在建中靖国至次年崇宁元年，最高官职为端明龙图两学士知太原而已。

2　译者按：英文原作"grand councilor"，检《宋史·徽宗本纪》，知蔡京被任命为尚书左丞、吏部尚书。

3　这种说法见《续通鉴》第八十八卷第2244—2245页。

恶党之徒减至309人，树碑于禁宫之中，非碑上有名者不得再加弹劾。[1] 1106年，诸人皆被赦免，在之后的二十年里，蔡京一直把持朝政，元祐党人仍然不得势。

1126年11月，金人洗劫汴京，掳获了徽宗这位一年前就已经逊位的老皇帝，还有他的儿子，当时在位的钦宗。1127年4月，金人弃汴京而去，系二帝以北行，将他们囚禁在金国都城。徽宗第九子康王，既没有被授命传国，显然也没有继承大统的思想准备，却成功南逃，并因此得承国祚。1127年5月，宋军在南京应天府(今河南商丘)扶其登基，是为宋高宗。五个月之后，新朝逃至扬州。1129年初，高宗再渡长江而南下，以避金兵锋芒，进而驻跸杭州。1130年1月，高宗逃到海上，憩身船舶。1130年3月，宋军在名将韩世忠(1090—1151)和岳飞(1103—1142)的率领下获得大胜，到1130年4月，金兵退去，局势得以稳定。

由于新党在徽宗朝得势，这一系列的国难便被归咎到他们头上。比如，赵鼎(1085—1147)作为新朝的重臣之一，在1129年就奏道："凡今日之患，始于安石，成于蔡京。今安石犹配享神宗，而京之党未除。时政之缺，莫大于此。"[2] 皇帝同意他的意见，即刻下令停祀王安石。提倡道学者，即那些斥责王安石最激烈的人和他们的支持者，都得以进身。1131年，皇帝颁诏追赠程颐谥号。1134年，范冲(1067—1141)，即元祐著名史家范祖禹(1041—1098)之

---

[1] 这种说法见《续通鉴》第八十九卷第2271页。
[2] 《宋史纪事本末》第七十五卷第792页。对王安石和蔡京的攻击，早在1126年就开始了，是在其将败之时。参见诸如《续通鉴》第九十六卷第2518、2527—2528页。

子,受命撰写神宗及哲宗二朝《实录》。他用黑墨记载旧有的文字,用黄墨记载被删去的,再用朱墨记载新修的,二史"始得其正,而奸臣情状益著"[1]。

然而,随着朝廷以杭州为行在,时局又趋于稳定,皇帝便有了苟安之意,遂与金人媾和。一贯主战的道学中人再次失势。[2]1136年,主和派领袖秦桧(1090—1155)开始掌权。这一年,陈公辅(1077—1142)弹劾秦桧的政敌赵鼎,进而攻击程颐及其门人傲人轻物。正如谢康伦(Conrad Schirokauer)所认识到的,反"道学"者"……在秦桧掌权期间和1138—1155年间,一直与支持秦桧的人有联系,因为秦桧是朝廷中最有影响力的大臣"[3]。而道学家以独得真"道"的传承者自居,他们使用"道统"一词,"道"有合法授受之意,其用意在于张大声势。[4]当时,由于失去中原(包括两位皇帝),"正统"或合法的政治继承仍被质疑,道学家只好用所谓随之南下的文化传承来代替。按照11世纪的前辈的说法,他们认为"道统"传自孔子,绍于曾子、子思,传于孟子,自那以后不得其传,直到北宋五子再次发现并复兴了圣贤之道。时至当时,道统则由南宋的程氏传人继承下来。这种论调对一个世

1　《宋史纪事本末》第七十五卷796页。

2　关于他们的主战立场,见胡寅(1098—1156)在1129年和1135年呈递的奏章(《宋史纪事本末》第六十三卷第648页、第七十二卷第739—740页)、尹焞在1138年呈递的奏章(《宋史纪事本末》第七十二卷第748页)和胡宏(1102—1161年)在1144年呈递的奏章(《宋史纪事本末》第七十五卷第803页)。

3　Schirokauer, 'Neo-Confucians Under Attack: The Condemnation of Wei-hsüeh,' p. 164.

4　参见Liu, 'How did a Neo-Confucian school become the state orthodoxy?' p. 490。关于"道"的传播的一些说法,早在11世纪时就已经出现,不过"道统"一词,因为它明显与"政统"相呼应,则直到1136年才首次被使用。正如刘子健教授所指出的那样,借着洛学的名义——洛阳原本是中原的文化基地,但当时为金朝所统治——他们强调了自己的主张。

纪后道学取得最后胜利起了重要作用。不过，在当时，反"道学"之士却把这种说法作为道学家傲慢的证明，在1149、1152、1155年的奏折中，斥之为"特殊学术"[1]（曲学）。

1155年，秦桧死后，对"道学"的攻击渐息。1162年，宋孝宗即位。1164年宋金第二次战事结束，局势稳定下来。但在1178年，孝宗认为有必要恢复父亲于1136年颁布的诏书，即在科考或仕进时不得因学术上的差异而区别对待。同年，侍御史谢廓然（？—1182）乞戒有司毋以程颐、王安石之说取士。

1182年，朱熹攻击唐仲友（1136—1188）失职，党争又起。唐仲友的支持者攻击"道学"，称以朱熹为首，道学者既傲慢又虚伪。[2]在短暂的平静之后，当朱熹因拒绝接受兵部的任命而被弹劾时，冲突再起。朱熹在奏章中抱怨说，有用的人竟成为牺牲品："群讥众排，指为道学之人，而加以矫激之罪。"[3]

"道学"继续受到政治斗争的影响。1194年，光宗皇帝的疾病和日益恶化的精神状态引发了一场危机。知枢密院事赵汝愚（1140—1196）联手当时的外戚韩侂胄（1152—1207）——扶持宁宗登基。赵汝愚对这一成功策划感到非常高兴，便乐观地劝说皇帝采用年号"庆元"——由范仲淹和欧阳修执政时的庆历（1041—1048）和元祐两个年号中的第一个字组合而成，然而赵韩联手

---

[1] Schirokauer, 'Neo-Confucians Under Attack,' p. 166.

[2] Schirokauer, 'Neo-Confucians Under Attack,' pp. 168—169, Liu, 'How did a Neo-Confucian school become the state orthodoxy?' p. 499。以下讨论主要基于这两篇文章和《宋史纪事本末》第八十卷，读者可参考这些文献了解更多细节。

[3] 《晦庵先生朱文公文集》（《四部丛刊》本）第十一卷第31页。参Schirokauer, 'Neo-Confucians Under Attack,' p. 172.

却没能持久：赵汝愚强迫韩侂胄就职卑位，作为他辅成其事的奖赏。但由于新皇后是自己的外甥女，韩侂胄已经很有些权势，他反手相击，遣散赵汝愚的党羽，其中就包括由赵汝愚举荐入朝的朱熹。[1]1195年末，韩侂胄最终迫使赵汝愚致仕。韩侂胄的一位门生再起旧章，称道学家借虚名以掩伪善。1196年，毁斥赵汝愚的声浪渐高，其追随者也被斥为"伪学"一党。1196年8月，"伪学"被禁科考，与试学子竟要求出示书面材料，证明自己不是道学中人。次年，"伪学"追随者59人被列名编录，朱熹及其"道学"[2]追随者，包括其他学派中人，都名列其中。所幸禁令渐弛，1202年，朱熹去世两年后，禁令得以取消。道学家奏请赠谥其学派中的著名前辈，并且以朱熹的《四书集注》为官方标准。[3]自此以后，道学家的影响力逐渐上升。1212年，尽管要求传播朱熹注的《大学》《中庸》的奏请被拒绝，国子监却采用了朱熹所注的《论语》《孟子》。[4]1220年，周敦颐、程颢、程颐和张载被追谥美号，而在1211年和1217年，请以四人再加邵雍和朱熹配享孔庙的奏章是被拒绝了的。具有讽刺意味的是，蒙古灭金为"道学"运动的渐兴注入了新的动力。面对新的威胁，宋廷为了巩固自己的地位，需要找到一个合法承统的理由。由于道学家自称道统的继承者，所以为朝廷维护其文化合法性提供了

---

1 参见Schirokauer, 'Neo-Confucians Under Attack,' p. 178。

2 "道学"这一说法出自《宋史纪事本末》第八十卷第876页，又见Schirokauer, 'Neo-Confucians Under Attack,' p. 185。Schirokauer讨论了众人的多元化取向。

3 参见《宋史纪事本末》第八十卷第878—879页。

4 参见Liu, 'How did a Neo-Confucian school become the state orthodoxy?' p. 502。

一种契机。

1227年，蒙古灭西夏，并威胁金国。宋廷便将朱熹的《四书集注》确立为官方标准。1233年，在灭金前夕，蒙古人开始转而谋求文化上的合法性，立庙以祀孔子。1234年，蒙古灭金，当时宋廷已经接受以道学大师配享的奏请。1237年，蒙古人通过设州郡科考继续进行文化竞争。1240年，都城大饥，蛮荒之地的百姓又揭竿而起，南宋局势渐颓。1241年，皇帝正式采信"道学"的说法，称该学派的北宋先驱为发现并复兴圣人之道者，并由道学家传至南宋。周敦颐、张载及二程都得以配享孔庙，朝廷还宣布道学所述为国家正统。由于"道学"这一名称一直以来受到攻击，所以"理学"一词——意即研究"理"的学说——便取而代之。这个名字当然是以程朱哲学的基本概念为基础的。皇帝的庙号也被称为理宗，有"理"祖之意，以表彰他对这一学派的支持。

程朱"道学"因此成为主流意识形态，这种地位保持了数个世纪之久。成书于14世纪的官修《宋史》首创《道学传》，来记载这个学派的历史。因为这段历史由程氏学派的追随者们书写，他们声称张载的哲学源于二程，张载还尊后者为师。张载的哲学就这样被程派的有色眼镜所曲解，没有得到应有的重视。有鉴于此，本书才试着聚焦于张载的哲学及道学早期的历史。

附录

Appendix

（一）张载的著作

关于张载的著作及其传播，还存在着一些疑问。现在可以考证首次著录张载著作的是《近思录》，该书编纂于12世纪末期。其中，有以下张载的著作见录：《正蒙》《文集》《易说》《礼乐说》《论语说》《孟子说》《语书》。有些著作已佚，包括《论语》注和《孟子》注。《郡斋读书志》成书于12到13世纪，著录有《横渠孟子解》十四卷，未著录《论语》注。[1]《直斋书录解题》[2]成书于13世纪后期，《论语》注和《孟子》注皆不见录。另一方面，《文献通考》著录《横渠孟子解》，但未著录《论语》注。[3]以此推断，张载的《论语》注或许在12世纪时曾经被刊行，旋即失传；《孟子》注则传至13世纪，也许还不止一种版本，其后也散佚，因为这些著作都没有被收录在成书于14世纪的《宋史·艺文志》中。

关于《近思录》所著录的张载的最后一部著作《语书》，也存在一些疑问。张载从未提及这部作品，而这部作品似可作为张载著有《语录》的线索。事实上，张岱年在介绍《近思录》著录张载的著作时，径称为《语录》，而不称《语书》。[4] 赵希弁《郡

---

[1] 晁公武著、赵希弁编：《郡斋读书志》，台北，广文书局，1967，第134—649页。这一目录著作由晁公武在12世纪纂订，赵希弁在13世纪纂辑成书，兼增加附志。见《合印四库全书总目提要及四库未收书目及禁毁书目》，台北，台湾商务印书馆，1971，第1777—1778页。

[2] 陈振孙：《直斋书录解题》，台北：广文书局，1968。

[3] 马端临：《文献通考》（《国学基本丛书》本），见《十通》第一百八十四卷第1583页。

[4] 《张载集》"介绍"第15页。

斋读书志·附志》中曾提及张载的《语录》，[1]但《宋史·艺文志》、《文献通考》及《直斋书录解题》都不曾著录。该书的版本之一，是13世纪福建吴坚(1213—1276)的刻本，但流布不广。[2]这一版本的张载《语录》，现载于《四部丛刊续编》，也是张载著作中唯一见存于《四部丛刊》者。

《礼乐说》已佚，除了在《近思录》中被提及，不见著录于它书。魏了翁摘录张载著述，成《礼说》一书，或许与《礼乐说》有关联，不过《礼说》也已亡佚。[3]《经学理窟》中有一章题为"礼乐"。这几本书之间的关联尚未被厘清。

《近思录》著录的张载的其他作品都有留存。《文献通考》与《郡斋读书志》二书录张载文集十卷，称《张横渠崇文集》，《宋史·艺文志》称《张载集》，亦曰十卷，或许是指同一著作。因此，很明显，张载的书信与文章最迟在12世纪后期已被汇编成集。然辑之者为谁，则不得而知。

《易说》与《正蒙》，诸书目皆见著录。关于这两部著作，唯一的不同之处是《直斋书录解题》称《易说》为三卷，与《四库全书》同[4]，而其他书目皆称《易说》为十卷。这两部著作出自张载之手，几无疑问。吕大临记载张载示《正蒙》于诸弟子，是1076年的事。[5]《易说》或许成书更早，大约在1056—1057年间

---

1 参见《郡斋读书志》第1564页。
2 该书在明清两朝所有辑录张载的著作中都不见记载。
3 魏了翁称张载的著作包括《西铭》、《正蒙》、《经学理窟》和《礼说》。见李心传辑《道命录》第九卷第7页，存《知不足斋丛书》第26集。译者按：应为第27集。
4 参见《合印四库全书总目提要及四库未收书目及禁毁书目》第13页。
5 参见吕大临：《行状》，《张载集》第384页。

或稍后,那时张载正在开封讲《周易》。[1]

张载的其他作品,《近思录》未曾著录者,多数已经亡佚。例如,《文献通考》和《郡斋读书志》著录张载的《春秋》注,称《横渠春秋说》。另有一部似为兵书,为一卷本的注疏文字,称《张横渠注尉缭子》。我们大致可以推断这部作品为张载年轻时所作,当时他对军事很感兴趣。[2]据说张载还写了一部关于祭祀仪式的著作,即《横渠张氏祭礼》一卷,虽然这部作品仅见录于一种书目。[3]《经学理窟》中有一章为"祭礼",或许与《横渠张氏祭礼》有关。最后,《郡斋读书志》著录有《信闻记》一卷。[4]

还有一部著作不为《近思录》所著录,却流传至今,即为《经学理窟》。这部作品也有可疑之处。《郡斋读书志》录《经学理窟》的作者为某金华先生,并称:"未详何人,为程张之学者。"[5]可是,赵希弁在其《郡斋读书志·附志》中却称,他藏有一卷本的张载《经学理窟》。[6]赵氏所列章节条目,与今本全同。《直斋书录解题》亦著录《经学理窟》一卷,署张载撰。[7]张岱年推断宋时或许曾有两个版本流行,称"金华先生"者,或许是辑录者之一。[8]张岱年还以为,这部作品集录张载与程颐言论,因

[1] 张岱年说,《易说》可能是张载"早年著作……在开封讲《易》时,可能已经开始写《易说》了"。见《张载集》第15页。户田丰三郎《横渠易说考》称这部著作写于《正蒙》之前,并估计《正蒙》中约有五分之一的内容出自《易说》。

[2] 参见《郡斋读书志》第833页。

[3] 参见《文献通考》第一八八卷第1601页。

[4] 参见《郡斋读书志》第140页。

[5] 参见《郡斋读书志》第683页。

[6] 参见《郡斋读书志》第1565页。

[7] 参见《直斋书录解题》第609页。

[8] 参见《张载集》"介绍"第15页。

辑录张载者居多，故署其名下。13世纪时，魏了翁便署为张载著作之一。[1] 又，《宋史·艺文志》列有三卷本，署张载撰。至此，《经学理窟》便归为张载的著作了。[2] 我赞同汪伟（生卒年不详）在他撰成于1522年的书序中所表达的观点：《经学理窟》大约是张载门人所辑录，其中的观点与《正蒙》正好一致。[3]

张载书于书室东西两墙的两篇文章，虽然已见于《正蒙》的最后一章，有时被认为是独立的著作。张载将两篇文章分别称为《砭愚》和《订顽》，程颐则称之为《东铭》和《西铭》。[4] 集注《西铭》者称为《西铭集解》，辑成于13世纪。这部集注收录了吕大临、胡安国、张九成和朱熹关于《西铭》及周敦颐《周子通书》的注解。[5] 周书为程朱学派所尊崇，也辑成于13世纪。[6]

1526年，吕柟（1479—1542）汇集张载著作，冠名《张子抄释》[7] 刊刻之。在这部作品的序言中，吕柟称张载的著作渐趋散佚，唯东西两《铭》、《正蒙》、《理窟》、《语录》及残本《文集》存世。吕氏辑本流传至今，有台湾地区再版本。[8] 吕柟显然未见南宋本

1　参见《道命录》第九卷第7页。
2　章节题目与赵希弁所列相同，但卷数不一样：在《张子全书》和《张横渠集》中，该书为五卷；在《张子抄释》中，该书为两卷，内容则完全相同。
3　参见《张载集》第247页。
4　参见《河南程氏外书》第十一卷第6页。正如这里所述，二程及其后学对《西铭》推崇备至。
5　参见《直斋书录解题》第609页。
6　参见《直斋书录解题》第610页。
7　关于《张子抄释》的编辑时间有一些混乱。《四库全书》（第1931页）署吕氏序在嘉靖辛丑，是为1541年。可是，序中却称是嘉靖五年三月辛丑（1526年4月29日）。见《宋四子抄释》（《丛书集成简编》本）第237页《张子抄释序》，亦见《张载集》第389页。山根三芳误署此著为1565年（见《正蒙》第14页）。
8　《张子抄释》1526年版的再版，作为《宋四子抄释》的一部分，收入王云五所辑的《丛书集成简编》，台北：台湾商务印书馆，1965。同样的版本以《横渠张子释》为名再版，收入《中国子学名著集成》，台北：中国子学名著集成编印基金会，1977。

张载《语录》，因为《语录》见存于《张子抄释》者仅为南宋本的三分之一。

后来，更为完整的张载著作被刊行，称为《张子全书》。陈荣捷从《四库全书》之说，称《张子全书》是徐必达于1623年刊印的。当然，初版应该比该本更早一些。[1] 此前，张岱年考证此本为沈自彰（生卒年不详）所辑，成书于万历（1573—1620）年间。[2]《张子全书》所收仍为删节后的《语录》，称《语录抄》，与《张子抄释》一致，此本中的其他著作亦然。《张子全书》中包括《易说》及张载著作之只言片语见于《性理大全》、《近思录》及二程著作中。此后，《张子全书》的更多版本又见刊行。1719年的刻本，是朱轼（1665—1736）的校刊本，依据的是他在陕西张载庙中所发现的一个罕见版本，[3] 是为《四部备要》和《国学基本丛书》之一种。

1708年，张伯行汇编张载的一些著作，成《张横渠先生文集》[4]，收入《正谊堂全书》。此书包括两《铭》、《正蒙》、《经学理窟》和《语录》（称《语录》而不称《语录抄》）。除最后三段已佚之外，张伯行汇编的《语录》与《张子全书》中的一致。此书还包括《文集》中的部分片段、《性理大全》的部分摘录以及程氏的著作，但《易说》不在其中。此书曾在台湾地区被重印。[5]

---

1 参见《合印四库全书总目提要及四库未收书目及禁毁书目》第1891页，吴德明辑《宋代书录》，香港：香港中文大学出版社，1978，第219页。

2 参见《张载集》"介绍"第16—17页。

3 参见《张子全书》(《四部备要》本)"序"。

4 目录题为《张横渠先生文集》，书口题为《张横渠集》。

5 如《张横渠集》(《丛书集成简编》本)。

1978年，北京中华书局刊行新版张载著作，称《张载集》。这本书是迄今为止最完善的张载著作版本，包括张载现存的全部著作。[1]张载的《语录》，编者以南宋本为底本，增补了在《语录抄》中新发现的七条，为宋本所无者。此外，编者还收录了《张子全书》所未录而从《宋文鉴》中检出的《文集》中的文章，又依据12世纪时吕祖谦所辑的《周易系辞精义》，这部集张载、二程、吕大临及他人所注《系辞》的著作，校正了《易说》中的少许错讹。虽然《张载集》是最为完善也是最方便找到的版本，但我们在使用时仍需谨慎，因为编者有时会在证据不够充分时出校，好在他们对校正文字做了标示说明。该书正是本书所用的底本。

　　《正蒙》一书常被赞誉为张载哲学思想的最好阐述，对明清两代哲学家都有相当大的吸引力。这些学者对《正蒙》所做的注释，远远超过原书的规模，在此我不再一一列举。这类注释中最重要的，张岱年在《张载集》"介绍"中已经列出[2]，山根三芳在《正蒙》的译序中也有列举。[3]

1　参见引用书目，在"张载"下条列的单独篇目即包括此篇。
2　参见《张载集》第17页。
3　参见《正蒙》第34—35页。

（二）传记

关于张载的传记资料很少。[1]我们所知道的，是其先祖世居大梁（今河南开封），张载也自称汴（即开封）人。[2]张载的祖父在宋真宗（998—1022在位）朝为官，任给事中、集贤院学士。其父张迪，官至殿中丞（从七品），仁宗（1023—1063在位）时颇获赏识，知涪州（今重庆涪陵）。张迪卒于任上，时张载与其弟张戬（1030—1076）尚幼，二人遂随母侨迁于凤翔眉县横渠镇之南。[3]

孩提时期入学，张载以邻人为师，据传涪人誉之为杰出天才。青年时期长于陕西，因邻于西夏，张载便对军事产生了兴趣。1038年，宋夏战争爆发后，张载曾上书范仲淹，论军旅之事。[4]据传范仲淹对其天才颇为赏识，且劝其致力于圣贤之学，推荐张载研习《中庸》。张载从之。但这并不足以满足张载的好奇心，所以他转而入于佛老。遗憾的是，张载这个时期的生平资料难得其详。我们可以知道的是，多年之后，张载于佛老难得究竟，这才转而研习儒学。

---

[1] 关于张载生平的主要资料来源，是其早期弟子吕大临所做的传记（参见《张载集》第381—385页），本书后面的介绍，如不做特别说明，均以此为基础。其他的来源，则是《宋史》第四百二十七卷《张载传》、1870年版《张子全书》中武澄的《张子年谱》（刊印日期不详），以及归曾祁的《横渠先生年谱》（见《孔教会杂志》第一辑第六号，1913年）。陈荣捷也曾撰写过一个张载简谱，收录于 *Sung Biographies*, ed. Herbert Franke。另外还有张岱年的著作（见《张载——十一世纪中国唯物主义哲学家》第1—12页）和山根三芳的著作（见《正蒙》第7—12页）。

[2] 虽然《宋史·张载传》记载张载是长安人，武澄也称张载出生于长安（参见其《张子年谱》），但德克·布德（Derk Bodde）称张载出生在开封（Fung/Bodde, *A History of Chinese Philosophy*, p. 476 n. 1），山根三芳也持同样的观点（见《正蒙》第7页）。

[3] 山根三芳猜测此事大约发生在1033—1034年间（见《正蒙》第7页）。

[4] 关于张载何时上书范仲淹，有几种不同的说法。吕大临称这件事发生在张载十八岁时，《宋史》则称为二十一岁。鉴于吕大临又称张载写信给范仲淹是在康定（1040—1041）年间（如果真是这样的话，那时张载已二十一岁），也许《宋史》的说法是正确的。武澄《张子年谱》第3页）和归曾祁《横渠先生年谱》第10页）二人都认为这件事发生在1040年。

嘉祐 (1056—1063) 初，张载已过而立之年，于是到开封讲《周易》。恰巧在这个时候，他与子侄辈的程颢、程颐相会。不过，关于此次会面的资料，我们能看到的，只有二程门人们的记载。这些人将自己的老师置于师尊之地，却视张载为二程的弟子。那次相会可能发生在1057年张载与程颢都通过了进士考试之时。[1]

进士及第后，张载授职祁州（今河北安国）司法参军，旋擢云岩令（今陕西延安宜川）。在任期间，张载每个月都亲自准备酒食，召集乡里年老者相会于县庭，亲为劝酬，因问民间疾苦，并与他们探讨如何训诫子弟。或有所颁示，即向老者解释其中详细缘由，然后送归乡里，希望他们向乡邻传达自己的用意。随后，如果有人到县庭，张载便会询问来人详情，以察自己所颁示的内容是否已被播之于民。

后来[2]，张载四十五岁左右时，王陶 (1020—1080) 延请其至京兆府学讲学。张载劝学子勿以科考为急务，而当留意古之圣君行尧、舜之"道"。有这样一种说法：文彦博 (1006—1097) 曾延请张载入长安学宫，待之甚厚，学者生徒皆师之。[3]

1067年[4]，张载被授以著作佐郎衔签书渭州（今甘肃平凉）军事判官公事。蔡挺 (1014—1079) 为帅，军府政事悉委之于张载。因边塞困窘，民多乏苦，公储不足，张载遂取军中储银以纾民难。

---

[1] 归曾祁《横渠先生年谱》第11页）称这次会面发生在1056年，吕大临称在"嘉祐初"，而武澄《张子年谱》第6页）则称在1057年。

[2] 当为1066年，从武澄之说（《张子年谱》第9页）。

[3] 吕大临称此事发生在张载京师及第之前（《张载集》第382页），但武澄指出文彦博1065年始任职长安，所以认为两人会面发生于1065年（《张子年谱》第8页）。

[4] 此处从武澄的说法（《张子年谱》第9页）。

1069年，御史中丞吕公著(1018—1089)荐张载于新帝神宗(1068—1085在位)，张载被诏至开封。神宗问治国之道，张载答以致力于复兴"三代之道"。上甚善之，命张载与议王安石"新政"。张载称自外省入朝，未测朝廷新政之实，请与时察之。上准其奏，即授崇文院校书。[1]其后，王安石问张载是否愿意与他共推"新政"，张载答称如新政得当，则朝中人人归之，如若他是教玉工如何雕刻[2]——对地方政务干涉过甚——便难以成功。王安石不悦，即遣张载案狱明州(今浙江宁波)。狱成，张载返开封。因其弟张戬得罪王安石，张载遂称病离京，返归陕西。返乡途中，张载取道洛阳，与二程相见，与之论礼。[3]之后张载便归横渠旧居，致仕并钻研学问。就哲学建树而言，此时实为张载最多产之时，他自述此时状况：

某既闻居横渠说此义理，自有横渠未尝如此……今倡此道不知如何，自来元不曾有人说着。(第290—291页)

有这样一种说法：1076年，张载做一异梦，遂将自己最著名的那部题为《正蒙》的著作赠予门人，并对他们说：此书辑早年著述而成，实为多年思虑所得，自信无违于往古圣人之

---

1 关于此事，吕大临的说法是矛盾的。一方面，吕大临称张载受此职任是在他觐见皇上之后的事(《张载集》第381页)，而且这种说法也被《宋史》采信。但是，在其他地方(《张载集》第383页)，吕大临又称在拜谒王安石之后，张载才被委以此职，最终却拒不就任。

2 此说参见《孟子·梁惠王下》。

3 参见武澄《张子年谱》第11页，归曾祁根据《二程遗书》第3页目录中的信息，称那次论辩发生在1077年，时间恰好是张载去世之前。不过，正如武澄所指出的那样，那时张载病笃，似乎不可能进行这样的谈话。

道。他还嘱咐他们：此著仅仅是个开始，要想大成，还有待于众人的努力。

终其一生，张载执着于践履三代之道和井田制。他认为，只要朝廷用法得当，终将致其功效。张载甚至考虑与门人共置田地，在小范围内效行古法，不过此计最终未成。对张载来讲，致仕后的那几年实在不乏挫折感，比如1075年他在一首诗的最后两行中写道：

六年无限诗书乐，一种难忘是本朝。[1]

---

[1] 此诗句出自《老大》一诗，见《张载集》第368页。

1076年，吕大防(1027—1097)上奏恢复张载原职。张载觉得这是他一直等待的机会，于是返回开封，随后被授职同知太常礼院。然而，因礼教渐弛，张载郁闷日甚。同年冬，张载感疾，辞官归陕西。据传他曾再次在洛阳停留，并告知二程自己病得很重，但可以至长安。[1]然而，张载终究未能至长安。1077年12月16日，张载卒于临潼逆旅。[2]临死之际，唯外甥相伴，竟无钱为置棺椁。门人闻张载死讯，急忙赶来理丧。张载有遗孀郭氏，一子张因尚幼。

　　1220年，张载被赐谥"明公"。1241年，封郿伯，配享孔庙。

1　参见武澄《张子年谱》第12页。如前文所述，《二程遗书》将张载与程氏的对话记为这次会面。这似乎不太可能，因为张载在那次会面后不久便辞世了。

2　吕大临称张载卒于十二月乙亥，但是据归曾祁记载，乙亥为十一月的第二十八天，不是十二月。陈荣捷又误订张载卒于1078年1月9日。

引用书目

Index

中文著作

毕沅等辑:《续资治通鉴》,北京,中华书局,1979,第二卷、第三卷。
蔡仁厚:《宋明理学·北宋篇》,台北:台湾学生书局,1977。
晁公武著、赵希弁编:《郡斋读书志》,台北:广文书局,1967。
陈邦瞻、冯琦辑:《宋史纪事本末》,北京:中华书局,1977。
陈垣等辑:《宋会要辑稿》,国立北平图书馆影印本,1936。
陈襄:《古灵集》,《四库全书珍本》本。
陈振孙:《直斋书录解题》,台北:广文书局,1968。
程颢、程颐:《二程全书》,《四部备要》本。
程颢、程颐:《二程粹言》,见《二程全书》。
程颢、程颐:《河南程氏经说》,见《二程全书》。
程颢、程颐:《河南程氏外书》,见《二程全书》。
程颢、程颐:《河南程氏遗书》,《国学基本丛书》本。
程颢:《明道文集》,见《二程全书》。
程颐:《伊川文集》,见《二程全书》。
《大学章句》,见朱熹《四书集注》,《四部备要》本。
渡边秀方著,刘侃元译:《中国哲学史概论》,台北:台湾商务印书馆,1964。
《道德经》,《四部丛刊》本。
《东坡先生易传》,严灵峰编《无求备斋易经集成》,台北:成文出版社,1976,第十六册。
董仲舒:《春秋繁露》,《四部备要》本。
归曾祁:《横渠先生年谱》,《孔教会杂志》,1913年第1卷第6期,第9—19页。
《管子》,《四部备要》本。
《哈佛燕京学社汉学引得》,1935—1940;台北:成文出版社重印,1966。
何炳棣:《中国历史上的早熟稻》,《经济史评论》第9卷,1956年第2期,第200—218页。
《合印四库全书总目提要及四库未收书目禁毁书目》,台北:台湾商务印书馆,1971。
侯外庐:《中国思想通史》,北京:人民出版社,1959,第四卷。
《淮南子·天文训》,台北:新兴书局,1962。
黄景进:《北宋四子修养方法论》,台湾政治大学硕士论文,1970。
黄宗羲等编:《宋元学案》,《国学基本丛书》本。
李复:《潏水集》,《四库全书珍本》本。
李觏:《直讲李先生集》,《四部丛刊》本。
《礼记》,《四部备要》本。
李焘:《续资治通鉴长编》,北京:中华书局,1979。
李心传辑:《道命录》,《知不足斋丛书》,台北:艺文印书馆,1966。

陆机著、郝立权注:《陆士衡诗注》,见杨家骆编《魏晋五家诗注》,台北:世界书局,1962。

吕大临:《横渠先生行状》,见《张载集》。

吕柟:《张子抄释》,见《宋四子抄释》,《丛书集成简编》本。

吕祖谦:《周易系辞精义》,见黎庶昌辑《古逸丛书》,存《百部丛书集成》,台北:艺文印书馆,1965。

《列子》,《国学基本丛书》本。

《论语》,《哈佛燕京学社汉学引得》特刊第16号《论语引得》。

马端临:《文献通考》,见《十通》,台北:新兴书局(重印本),1965。

《孟子》,《哈佛燕京学社汉学引得》特刊第17号《孟子引得》。

牟宗三:《心体与性体》,台北:正中书局,1969年重印。

欧阳修:《欧阳修全集》,香港:广智书局,1966

欧阳修:《欧阳永叔集》,《国学基本丛书》本。

皮锡瑞疏:《孝经郑注疏》,《四部备要》本。

彭信威:《中国货币史》,上海人民出版社,1958。

契嵩:《镡津文集》,《四部丛刊》本。

钱穆:《宋明理学概述》,台北:台湾学生书局,1977。

司马光:《司马文正公传家集》,《国学基本丛书》本。

司马光:《温国文正司马公文集》,《四部丛刊》本。

司马迁:《史记》,《四部备要》本。

《四部备要》,上海:中华书局,1927—1935。

《四部丛刊》,上海:商务印书馆,1920—1922。

《四部丛刊续编》,上海:商务印书馆,1934—1935。

苏轼著、郎晔选注:《经进东坡文集事略》,《四部丛刊》本。

苏轼:《苏氏易传》,台北:广文书局,1974。

沈括著、胡道静校:《新校正梦溪笔谈》,北京:中华书局,1962。

沈括:《沈氏三先生文集》,《四部丛刊》本。

《说卦》,《哈佛燕京学社汉学引得》特刊第10号《周易引得》。

《宋史研究会》编:《宋史研究集》,台北:中华丛书委员会,1958。

脱脱等:《宋史》,北京:中华书局,1977。

王安石:《王临川集》,《国学基本丛书》本。

王安石:《王文公文集》,上海人民出版社,1974。

武澄:《张子年谱》,见《张子全书》,1870重刊。

王充:《论衡》,《国学基本丛书》本。

吴康:《宋明理学》,台北,华国出版社,1955。

《无求备斋易经集成》,台北:成文出版社,1976。

王应麟：《玉海》，台北：华联出版社，1964、1967。

王云五编：《国学基本丛书》，台北：台湾商务印书馆，1968。

王云五编：《四库全书珍本》。台北：台湾商务印书馆，1971—1979。

王云五编：《丛书集成简编》，台北：台湾商务印书馆，1965—1966。

《系辞》，《哈佛燕京学社汉学引得》特刊第10号《周易引得》。

许杭生：《略论魏晋玄学》，见《哲学研究》，1979年第12期，第30—39页。

夏君虞：《宋学概要》，1937年本，台北：华世出版社，1976年重印。

谢灵运撰、黄节注：《谢康乐诗注》，出版社不详，1925。

萧统：《文选》，《国学基本丛书》本。

尹焞：《尹和靖集》，《丛书集成简编》本。

扬雄：《法言·问神篇》，《丛书集成简编》本。

杨时：《杨龟山先生集》，《丛书集成简编》本。

《乐府诗集》，《四部丛刊》本。

朱熹：《朱子全书》，台北：广学社印书馆，1977。

朱熹：《伊洛渊源录》，台北：文海出版社，1968。

朱熹、吕祖谦编：《近思录》，张伯行辑，《丛书集成简编》本。

朱熹编：《中庸章句》，见《四书集注》，《四部备要》本。

周敦颐：《周子通书》《四部备要》本。

张伯行编：《正谊堂全书》，见《百部丛书集成》，台北：艺文印书馆，1968。

张岱年：《张载——十一世纪中国唯物主义哲学家》，武汉：湖北人民出版社，1956。

张岱年：《中国古代哲学中若干基本概念的起源与演变》，《哲学研究》，1957第2期，第54—69页。

张岱年：《张横渠的哲学》，《哲学研究》，1955年第1期，第110—130页。

张载：《张横渠集》，《丛书集成简编》本。

张载：《张载集》，北京：中华书局，1978。

张载：《张子全书》，《国学基本丛书》本。

张载：《张子语录》，见《张载集》。

张载：《正蒙》，见《张载集》。

张载：《经学理窟》，见《张载集》。

张载：《横渠易说》，见《张载集》。

张载：《文集佚存》，见《张载集》。

中国科学院哲学研究所中国哲学史组编：《中国哲学史资料选辑（宋元明之部·上）》北京：中华书局，1978。

中国子学名著集成编印基金会辑：《中国子学名著集成》，台北：中国子学名著集成编印基金会，1978。

外文著作

荒木敏一:《宋代科举制度研究》, 东京: 东洋史研究会, 1969。

麓保孝:《北宋时期儒学的发展》, 东京: 书籍文物流通会, 1967。

伊藤正文:《曹植》, 见吉川幸次郎、小川环树编《中国诗人选集》, 东京: 岩波书店, 1957—1961。

久须本文雄:《宋代儒学的禅思想研究》, 名古屋: 日进堂书店, 1980。

小野泽精一、福永光司、山井涌编:《气的思想: 中国自然观与人的观念的发展》, 东京: 东京大学出版社, 1978。

西顺藏:《张横渠的思想——论中国人的天地观》, 见《一桥论丛》, 1952年第28期, 第213—238页。

汤浅幸孙:《宋学中的自然与人伦——张载的唯物论》, 见《京都大学文学部研究纪要》, 1976年第16期, 第1—22页。

户田丰三郎:《横渠易说考》,《广岛大学文学部纪要》第25号, 1965年第1期, 第225—245页。

山根三芳:《正蒙》, 东京: 明德出版社, 1970。

Balazs, Etienne. *Chinese Civilization and Bureaucracy: Variations on a Theme*. Trans. H. M. Wright. Ed. Arthur F. Wright. New Haven: Yale Univ. Press,1964.

Barfield, Owen. *Saving the Appearances: A Study in Idolatry*. New York: Harcourt, n.d.

Bruce, J. Percy. *Chu Hsi and his Masters: An Introduction to Chu Hsi and the Sung School of Chinese Philosophy*. London: Prosthaion, 1923.

Carter, Thomas Francis. *The Invention of Printing in China and Its Spread Westward*. Revised by L. Carrington Goodrich. New York: Ronald Press Co., 1925, 1955.

Chaffee, John William. 'Education and Examinations in Sung Society (960—1279).' Diss. Chicago 1979.

Chan, Wing-Tsit. 'The Neo-Confucian Solution to the Problem of Evil,' in *Studies Presented to Hu Shih on his Sixty-fifth Birthday, the Bulletin of the Institute of History and Philology*, Academia Sinica, 28 (1957).

A Source Book in Chinese Philosophy. Translated and compiled by Wing-Tsit Chan. Princeton: Princeton Univ, Press, 1969.

Reflections on Things at Hand: The Neo-Confucian Anthology compiled by Chu Hsi and LüTsu-ch'ien. Translated, with notes, by Wing-Tsit Chan. Records of Civilization: Sources and Studies, No. LXXV. New York: Columbia Univ. Press, 1967.

Ch'en, Kenneth K. S. *Buddhism in China: A Historical Survey*. Princeton: Princeton Univ. Press, 1964.

Ch'un ch'iu. H-Y Series, Supplement No. 11: *Combined Concordances to Ch'un ch'iu, Kung-yang, Ku-liang and Tso-chuan*. 4 vols.

Cornford, F. M. *Before and After Socrates*. Cambridge: Cambridge Univ. Press, 1932.

deBary, Wm. Theodore, Wing-tsit Chan and Burton Watson compilers. *Sources of Chinese Tradition*. 2 vols. New York: Columbia Univ. Press, 1960.

(et al.) *The Unfolding of Neo-Confucianism*. Studies in Oriental Culture, No.10. New York: Columbia Univ, Press, 1975.

'Neo-Confucian Cultivation and the Seventeenth-Century "Enlightenment,"' in *The Unfolding of Neo-Confucianism*.

'A Reappraisal of Neo-Confucianism,' in *Confucianism in Action*. Ed. David Nivison and Arthur F. Wright. Stanford: Stanford Univ. Press, 1959.

Elvin, Mark. *The Pattern of the Chinese Past*. Stanford: Stanford Univ. Press, 1973.

Fairbank, John K., ed. *Chinese Thought and Institutions*. Chicago: Univ. of Chicago Press, 1957.

Fingarette, Herbert. *Confucius-The Secular as Sacred*. New York: Harper, 1972.

Forke, Alfred, trans. *Lun Heng* 1907, rpt. New York: Paragon, 1962.

Franke, Herbert, ed. *Sung Biographies*. Wiesbaden: Steiner, 1976. Vols. 1—3.

Fung Yu-lan. *A History of Chinese Philosophy*. Trans. Derk Bodde. 2 vols. Princeton: Princeton Univ. Press. 1952.

Graham, A. C. *Two Chinese Philosophers: Ch'eng Ming-tao and Ch'eng Yi-ch'uan*. London: Lund Humphries, 1958.

Haeger, John Winthrop. 'The Significance of Confusion: The Origins of the T'ai-p'ing yü-lan.' *Journal of the American Oriental Society*, 88:3 (1968), 401—410.

Hartwell, Robert. 'A Cycle of Economic Change in Imperial China: Coal and Iron in Northeast China, 750-1350,' *Journal of the Economic and Social History of the Orient*, 10 (1967), 102—159.

'Historical Analogism, Public Policy, and Social Science in Eleventh-and Twelfth-Century China,' *American Historical Review*, 76 (1971), 690—727.

Hsiao, Kung-chuan. *A History of Chinese Political Thought*, v.1: From the Beginnings to the Sixth Century A.D. Trans. F. W. Mote. Princeton: Princeton Univ. Press, 1979.

Hsu, Cho-yun. *Ancient China in Transition: An Analysis of Social Mobility, 722-222 B.C.* Stanford: Stanford Univ. Press, 1965.

Hu Shih. 'The Scientific Spirit and Method in Chinese Philosophy,' in *The Chinese Mind*. Ed. Charles A. Moore.

Huang Siu-chi. 'Chang Tsai's Concept of Ch'i,' *Philosophy East and West*, 18(1968), 247—260.

'The Moral Point of View of Chang Tsai,' *Philosophy East and West*, 21 (1971), 141—156.

Kim, Yung Sik. 'The World View of Chu Hsi (1130-1200): Knowledge about Natural World in *Chu-tzu Ch'üan-shu*.' Diss. Princeton 1979.

Kracke, E. A. Jr. *Civil Service in Early Sung China: 960—1067*. Harvard-Yenching Institute Monograph Series, XIII. Cambridge, Mass.: Harvard Univ. Press.

Lau, D. C., trans. *Confucius, the Analects (Lun yü)*. Harmondsworth: Penguin, 1979.

Lao Tzu, *Tao Te Ching*. Harmondsworth: Penguin, 1963.

Mencius. Harmondsworth: Penguin, 1970.

'A Note on Ko-wu,' *Bulletin of the School of Oriental and African Studies*, 30(1967), 353—357.

Legge, James. *The Chinese Classics*, 2nd edn, revised. Oxford: Clarendon Press, 1865—95.5 vols.

Confucian Analects, The Great Learning, The Doctrine of the Mean, in *The Chinese Classics*, vol.1.

The Works of Mencius, in The Chinese Classics, vol.2.

The Shoo King or *The Book of Historical Documents*, in *The Chinese Classics*, vol.3.

The She King or *The Book of Poetry*, in *The Chinese Classics*, vol. 4.

The Ch'un Ts'ew with the Tso Chuen, in *The Chinese Classics*, vol. 5.

Lewis, C. S. *The Abolition of Man.* New York: Macmillan, 1947.

Liu, James T. C. 'An Early Sung Reformer: Fan Chung-yen,' in *Chinese Thought and Institutions*. Ed. John K. Fairbank. Chicago: Univ. of Chicago Press, 1957.

'How did a Neo-Confucian school become the state orthodoxy?' *Philosophy East and West*, 23 (1973), 483—505.

Ou-yang Hsiu: An Eleventh-Century Neo-Confucianist. Stanford: Stanford Univ. Press, 1967.

Reform in Sung China: Wang An-shih (1021—1086) and his New Policies. Harvard East Asian Series, 3. Cambridge Mass.: Harvard Univ. Press, 1959.

Lo, Winston W. 'Circuits and Circuit Attendants in the Territorial Administration of Sung China,' *Monumenta Serica*, 31 (1974—1975), 39—107.

McMorran, Ian. 'Wang Fu-chih and the Neo-Confucian Tradition,' in *The Unfolding of Neo-Confucianism*. Ed. W. T. deBary.

Metzger, Thomas A. *Escape from Predicament: Neo-Confucianism and China's Evolving Political Culture*. New York: Columbia Univ. Press, 1977.

Moore, Charles A., ed. *The Chinese Mind: Essentials of Chinese Philosophy and Culture*. Honolulu: East-West Center Press, 1967.

Nakayama Shigeru and Nathan Sivin, eds. *Chinese Science: Exploration of an Ancient Tradition*. East Asian Science Series, II. Cambridge: MIT Press, 1973.

Needham, Joseph. *Science and Civilisation in China*. Cambridge: Cambridge Univ. Press, 1954—.

Nivison, David and Arthur F. Wright, eds. *Confucianism in Action*. Stanford: Stanford Univ. Press, 1959.

Pelliot, Paul. *Les Debuts de L'Imprimerie En Chine*. Paris: Imprimerie Nationale, Librairie d'Amerique et d'Orient, 1953.

Peterson, W. J., 'Fang I-chih: Western Learning and the "Investigation of Things."' in *The Unfolding of Neo-Confucianism*. Ed. W. T. deBary.

'Making Conections:"Commentary on the Attached Verbalizations"of *the Book of Change*,' *Harvard Journal of Asiatic Studies*, 42:1 (1982), 67—116.

Plaks, Andrew H. *Archetype and Allegory in the Dream of the Red Chamber*. Princeton: Princeton

Univ. Press, 1976.

Pollard, David. 'Ch' i in Chinese Literary Theory,' in *Chinese Approaches to Literature from Confucius to Liang Ch'i-ch'ao*. Ed. Adele Austin Rickett.Princeton: Princeton Univ. Press, 1977.

Porkert, Manfred. The *Theoretical Foundations of Chinese Medicine: Systems of Correspondence*. MIT East Asian Science Series, II. Cambridge: MIT Press, 1974.

Schirokauer, Conrad. 'Neo-Confucians Under Attack: The Condemnation of Wei-hsüeh,' in *Crisis and Prosperity in Sung China*. Ed. John Winthrop Haeger. Tucson: Univ. of Arizona Press, 1975.

Shiba, Yoshinobu(斯波义信). *Commerce and Society in Sung China*. Trans. Mark Elvin. Michigan Abstracts of Chinese and Japanese Works on Chinese History, No.2. Ann Arbor: Center for Chinese Studies, 1970.

T' ang Chün-yi. 'Chang Tsai' s Theory of Mind and its Metaphysical Basis,' *Philosophy East and West*, 6 (1956), 113—136.

Taylor, Rodney. 'The Cultivation of Sagehood as a Religious Goal in Neo-Confucianism: A Study of Selected Writings of Kao P' an-lung (1562- 1626).' Diss. Columbia 1974.

Tu Weiming. *Centrality and Commonality: An Essay on Chung-yung*. Monographs of the Society for Asian and Comparative Philosophy, III. Hawaii: Univ. of Hawaii Press, 1976.

Twitchett, Denis. 'The Fan Clan' s Charitable Estate, 1050—1760,' in *Confucianism in Action*. Ed. David S. Nivison and Arthur F. Wright. Stanford: Stanford Univ. Press, 1959.

Waley, Arthur, trans. *The Analects of Confucius*. London: George Allen and Unwin, 1938.

The Way and its Power: A Study of the Tao Te Ching and its Place in Chinese Thought. New York: Grove Press, 1958.

Watson, Burton, trans. *The Complete Works of Chuang Tzu*. New York: Columbia Univ. Press, 1970.

Wilhelm, Hellmut. *Change: Eight Lectures on the I Ching*. Trans. Cary F. Baynes. Bollingen Series, LXII. Princeton: Princeton Univ. Press, 1960.

Wilhelm, Richard, trans. *The I Ching or Book of Changes*. Rendered into English by Cary F. Baynes. Bollingen Series, XIX. Princeton: Princeton Univ. Press, 1977.

Worthy, Edmund H. Jr. 'The Founding of Sung China, 950- 1000: Integrative Changes in Military and Political Institutions.' Diss. Princeton 1975.

Yoshikawa Kōjirō(吉川幸次郎). *An Introduction to Sung Poetry*. Trans. Burton Watson. Harvard-Yenching Institute Monograph Series, V.XVII. Cambridge: Harvard Univ.Press, 1967.

Yosida Mitukuni. 'The Chinese Concept of Nature,' in Chinese Science. Ed. Shigeru Nakayama and Nathan Sivin.

单篇作品

赵铁寒	《宋代的州学》
	《宋代的太学》
陈襄	《乞止绝臣僚陈乞创造寺观度僧道状》
	《杭州劝学文》
	《礼记讲义、中庸》
	《答周公辟书》
	《易讲义》
	《与两浙安抚陈舍人书》
程颢	《论十事札子》
程颐	《上仁宗皇帝书》
契嵩	《劝书第二》
	《原教》
周敦颐	《诚上第一》
	《志学第十》
	《精蕴第三十》
	《圣学第二十》
	《圣第四》
	《圣蕴第二十九》
	《顺化第十一》
	《思第九》
荀子	《解蔽篇》
李复	《七祖院吴生画记》
	《答人问政书》
	《杨氏言动家训序》
李觏	《潜书》
	《富国策第五》
	《富国策第一》
	《平土书序》
	《答黄著作书》
	《易论第一》
欧阳修	《吉州学记》
	《胡先生墓表》
	《本论上》
	《孙明复先生墓志铭》

	《答李诩第二书》		《论风俗札子》
	《答孙正之侔第一书》		《答张先生砥书》
	《答孙正之第二书》		《答范景仁书》
	《答宋咸书》		《答韩秉国书》
	《答祖择之书》		《答秉国第二书》
	《颜跖》		《颜乐亭颂》
	《易或问三首》	苏轼	《应制举上两制书》
	《易童子问》		《议学校贡举状》
邵雍	《观物外篇》	孙复	《儒辱》
沈括	《孟子解》	宋玉	《神女赋》
	《上欧阳参政书》	王安石	《致一论》
石介	《复古制》		《礼乐论》
	《怪说下》		《涟水军淳化院经藏记》
	《答欧阳永叔书》		《上五事札子》
	《尊韩》		《答曾子固书》
	《读〈原道〉》		《老子注》
司马光	《致知在格物论》		《原性》
	《性辩》	王简栖	《头陀寺碑文》

翻译说明

Translation instructions

为便于中文读者阅读，本人翻译时作了以下几个方面的修改：

1. 改原著尾注为脚注。

2. 原书的附录三、附录四为汉文人名、术语，是为了便于英文读者阅读而设的，翻译时略去。原书末尾另附综合索引一篇，考虑到篇幅不大，翻译时也省略了。

3. 原书引用中文著作，以英文大写第一字母省略方式表达，翻译时考虑到与中文的省略习惯不同，故不作省略处理，仍出全名。

4. 原书中文典籍如《宋元学案》之类，多用台湾版本，译时改用大陆版本。卷数、页码可能会有不同，译时仍用原著说法，不再另注大陆版本的卷数、页码。

5. 原书中经常引用的著作如《张载集》，作者都注明了页码和行数，译时依惯例只出页码，略去行数。

6. 原书所引外文著作，一般保留外文，少量日语著作翻译为中文，以便读者查询。

若因本人目力所限，未能全部吸收前人成果，给读者带来不便，还望方家教我，以便将来更正。

修订记

Revised notes

修订记

译书实难。十几年前，我应上海古籍出版社之邀，译出葛艾儒先生《张载的思想》一书。当时年轻气盛，认为勤勉用功便可以解决一切困难。等到真正动手，才知道要将一本涉及中国古籍的英文著作翻译出来，当真是困难重重，更何况还是关于中国古代哲学的著作呢。当时的艰辛，十几年当中，每次想起来，都有些后怕。所以，十几年后，当重庆出版社的编辑打电话给我，称他们有意再版此书时，我的第一反应是必须修订一下再出版。

此次修订，最关注以下几个方面：误译错讹之处修正之，直译生硬之处疏通之；句求简短，辞求达意，尽量符合汉语阅读习惯；又因原著多引古籍原文，所引用者虽多为宋代日常用语，并不晦涩，但毕竟距今一千余年，为使读者阅读时少些语感上的明显落差，我在翻译时试着往古文上靠了靠，尽量使文风平实稳健。

掩卷之时，犹心存敬畏。此次修订虽竭尽全力，终因学力所限，未能将所有误译之处一一更正，期望将来还有再次修订的机会。

壬寅三月十六
罗立刚记于上海浦东

張子